向上沟通的艺术

九问式问题锤，打通向上沟通的路径

陈萍 著

当代中国出版社
Contemporary China Publishing House

2020年·北京

图书在版编目(CIP)数据

向上沟通的艺术:九问式问题锤,打通向上沟通的路径 / 陈萍著 . -- 北京:当代中国出版社, 2020.5
ISBN 978-7-5154-1023-4

Ⅰ.①向… Ⅱ.①陈… Ⅲ.①人际关系学 Ⅳ.① C912.11

中国版本图书馆 CIP 数据核字(2020)第 044114 号

出 版 人	曹宏举
责任编辑	陈 莎 吴 婕
策划支持	华夏智库·张 杰
责任校对	康 莹
出版统筹	周海霞
封面设计	尚世视觉
出版发行	当代中国出版社
地 址	北京市地安门西大街旌勇里 8 号
网 址	http://www.ddzg.net 邮箱:ddzgcbs@sina.com
邮政编码	100009
编 辑 部	(010)66572264 66572154 66572132 66572180
市 场 部	(010)66572281 66572161 66572157 83221785
印 刷	三河市国新印装有限公司
开 本	710 毫米 × 1000 毫米 1/16
印 张	13.5 印张 220 千字
版 次	2020 年 5 月第 1 版
印 次	2020 年 5 月第 1 次印刷
定 价	48.00 元

版权所有,翻版必究;如有印装质量问题,请拨打(010)66572159 转出版部。

推荐序

第一次知道陈萍，是创新邦的课程研发老师向我推荐的。他用欣赏的语气说："陈萍老师可以的！每天坚持写一篇关于沟通的文章，一直到现在，终于可以出书了。那么多老师，能坚持写出来的不多。"就此，陈萍老师给我留下了很好的印象：她文字能力强，做事能坚持，自律且刻苦。待真正见到本人，是大家一起修订文稿的时候，眼见一个秀美女作家的形象，娇小又精致可人，很是喜欢。

应邀为本书写序，历时3周，反复读了几遍，感觉很好，这是一本很实用的沟通工具书。我在职场摸爬滚打30年，国企、外企、合资、私营都经历过。在看本书的过程中，我仍旧觉得有所收获，认同书中的观点。

身在职场，每天解决问题是第一要务。出现不懂不会的问题，就要去问。俗话说得好，"学问学问，就是学着去问"，我们要养成用问问题的方法解决各种问题的习惯。

本书书名直奔主题，一锤定音，9个问题就是9个工具，用9个习惯回答9个问题，带我们攀登职场"金字塔"。

不久前，我给某公司后备经理培训《公文写作》，有个学员一直跟我交流工作中的难题。在交谈了3个小时后，我发觉她在与领导和同事的沟通中出了问题，于是把这本书推荐给她，还特意提醒她要重点读哪几页。作为沟通的工具书，我觉得，它对职场上的所有人都适用，特别是职场新人，若能在入职之前先读读这

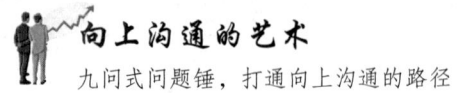

本书，那么，他们在第一份工作中必将获得无限助力。

职场处处皆学问，只有把经验变成标准化的工具才便于使用，达到"授人以渔"的目的。把知识变得简单易学也是一种创新，这是对所有培训师的挑战。

英国哲学家弗朗西斯·培根对于读书有这样一番见解：读史使人明智，读诗使人明透，数学使人精细，物理使人深沉，伦理使人庄重，逻辑修辞使人善辩。的确如此，愚笨的人通过读书可以变得明智，沉闷的人通过读书可以变得开朗，轻浮的人通过读书可以变得稳重，木讷的人通过读书可以变得机敏。"读一本好书，就是与许多高尚的人谈话。"通过读书，我们能够突破时间的限制，与古人神交，与圣贤论道。

在此，预祝所有人都能够发挥所长，把所积累的经验认识转化为一本本工具小书。它可能不长，但是它"精当"，提出一个问题，就有针对性地分享一些可能的解决方案，帮助身边的有缘人了解、掌握、进步、提升。

拥有自己的一本书，是很多培训师的梦想！感谢创新邦同人为更多培训师搭建平台和提供机会！感谢陈萍老师！相信这本书将惠及更多职场人士，帮助他们解决沟通问题。

易邦联合教育机构创始人　李丹

2019年8月8日

前言

关于向上沟通方面的书，大多都是讲如何与领导相处的技能训练，如何有效倾听、有效表达，使读者的职场工作更为顺利，为自己的职业发展打下基础。不过，仅有这些技能是不够的，本书的目的是希望通过问题去剖析解决方案，使读者成长为领导眼中的得力干将。

通过一系列的教条化学习，就能改善与领导的关系吗？这个没有一定的实践和经验萃取，谁也不知道。但学习成功者的经验并加以借鉴，在错误中发现与自己场景匹配的方案，然后去逐步解决问题，形成良好的工作习惯，却是完全可行的。

要想跟领导之间无障碍沟通，就要做到勤于反思，以下情境您是否遇到过？

一、接到领导布置的任务后，马上就做

绝大多数人会选择这样的工作方式，但却没有意识到，如果这样做了，结果不是领导预期的，怎么办？

要想避免出现这样的结果，在接到领导布置的任务后，有了想法应该跟领导请示汇报，以确认自己的想法跟领导的意图是否一致，这样才能更好地保障工作的准确性。

二、确认任务后，执行过程很顺利，完成后交付领导

这个听起来也没问题，说明自身的工作能力很强。但是有没有想过，工作进

展情况如何，你不说领导是不知道的；领导在不知道的情况下，是否会担心？他一担心，就会来问你"那件事情怎么样"，这说明领导不放心，这可不是我们希望的结果。要想避免领导不放心，不管工作进展得顺利与否，都应该向领导做些阶段性的汇报，以便让领导及时掌握他想知道的讯息。

三、工作结束后，将工作结果通过邮件或微信呈报给领导了，工作也就结束了

真的是这样吗？我在调研中发现，很多员工如此操作，仍然会被领导责备："你以为完成了就没事了吗？"

要知道领导对递交的结果会有他的建议和想法。对他来说，工作做了不等于完成，完成不等于没事了，后续可能还会有新的指示。

其实，工作结束后应该要去确认领导的意见，获得领导的回复或是新的指示才可以。

为什么会出现这种职场状态？

我从问题的实践中发现，领导对下属工作不满意、下属对领导指令执行不彻底的最大原因是不站在对方的角度思考问题。工作中，你不将信息传递出去，一味地堆积在自己这里，怎么可能知道什么是可以借鉴的，什么是可以改善的，什么对自己来说是一种有利的反馈呢？

而这个沟通思维执行不到位的关键原因是，平时工作中好的沟通习惯没有养成。本着工作习惯的闭环原则，掌握"向上沟通的艺术"，就要有9个问题下的9个习惯养成，它们可以帮助我们打破职场沟通障碍，拉近我们跟领导之间的距离，快速得到领导的赏识，用9把"问题锤"的方式，打通向上沟通的路径，所以亦可称为"九问式向上沟通的路径"。

本书旨在提升下属跟领导之间的沟通力。具体运用到工作中，表现在怎么做

才能让领导满意、什么事选择什么样的方式做效果会更好等，本书会为你找到晋升的基石，通过现实案例的情景模式，以众多职场人士的经历为依据，将复杂的事情简单化，为您介绍向上沟通的知识和运用技巧，将职场中下属与领导之间会发生的各种沟通障碍，尽可能地逐一还原出来，具体包括对频繁发生的上下级沟通问题进行解说与分析，并给出具体应对的方法，在平凡中见真章。用9个问题下的场景，引导大家养成职场"九问式习惯"的成功法则。

希望本书能为您提供一些启发，让您少走一些弯路，多积累一些成功经验，在提升自身能力的同时，也提高别人对您的好感度和好评度！

在正式开启九问式习惯之旅前，请您先了解一下自己跟领导之间存在的问题。然后根据您目前的实际情况，看看以下问题中哪些是您目前存在的，每个问题5分，计算一下自己的得分，共计100分。

1. 目前你还是缺乏工作主动性，指望着别人教你做事；

2. 对自己的职场沟通存在质疑和否定；

3. 不能按时完成领导布置的工作任务；

4. 工作情绪经常很浮躁；

5. 工作中拖沓懈怠；

6. 擅自做主，不跟领导沟通；

7. 工作质量不合领导心意；

8. 不能领会领导的工作指示；

9. 喜欢在同事面前抱怨；

10. 喜欢按照自己的方式说话；

11. 不敢在领导面前暴露短板；

12. 总觉得自己能搞定一切工作；

13. 领导觉得你不靠谱；

14. 工作关系有待改善；

15. 一接到工作就很迷茫；

16. 经常被领导督促干活；

17. 领导觉得你工作不积极；

18. 被说工作没眼力见儿；

19. 被领导区别待遇；

20. 工作不仔细，常常返工。

如果得分为70分以上（含70分），那么请您注意了，您跟领导之间的沟通已经亮起了红灯，急需新的理念和方法来改善您的工作困境。

如果得分为50~69分（含69分），说明以上很多共性问题在您的工作中也会出现，您需要有针对性地解决与领导的沟通中存在的困扰。

如果得分为50分以下（含50分），那么就要恭喜您，您跟领导的沟通非常通畅，只要再有目标性地提升一些方法和技能，便能更上一层楼。

无论您属于以上哪种状况，或想要改善哪种行为，相信在阅读本书后，您都会获得收获和得到提升。

本书共包括"九把问题锤"和一个总论的内容。本书采用一锤一个章节，一个章节一个习惯来进行详细介绍，每个章节都有理论、方法、工具和应用场景，加上实践案例的说明，所有章节均按照现实中下属与领导沟通时存在的问题展开，以深层互动的铺排方式进行总结。

目录

总论 / 1

什么是九问式沟通法 / 3

如何运用九问式沟通法 / 8

九问式沟通法的 9 个习惯 / 11

第一锤 什么事情（what）/ 15

沟通前"说清来意"/ 17

不同沟通状态下的"说清来意"/ 21

"说清来意"的暗示语 / 25

符合领导模式的沟通方式：事件 + 结果 / 27

"说清来意"的 3 个沟通方法 / 29

"说清来意"的沟通顺序 / 33

第二锤 为什么这样（why）/ 37

沟通中"不懂就问"的请教习惯 / 39

请教问题的好处 / 41

可以请教的人才库储备 / 43

请教问题时的场景选择 / 45

请教问题的策略 / 46

第三锤　什么时间（when）/ 53

沟通中"主动工作"的习惯 / 55

做个可以让领导安心的稳妥人 / 57

在领导希望的时间节点送去信息 / 58

接收任务信息时明确任务意图（任务前）/ 61

勤于汇报任务进度（任务中）/ 64

主动跟领导汇报任务结果（任务后）/ 66

理解职场规则，才能掌握工作主动性 / 68

第四锤　该跟谁沟通（who）/ 73

沟通中"回复确认"的习惯 / 75

越级命令要跟直属领导确认 / 78

学会委婉拒绝超负荷工作 / 81

自我角色的确认：如何管理好自己 / 85

"用心 + 耐心"是领导欣赏的确认表现 / 88

内外沟通方式的状态确认 / 93

正确做事的注意事项 / 94

如何确认领导安排的工作是否完成 / 97

第五锤 重点在哪里（where）/ 101

沟通中"留意细节"的习惯 / 103

细节的重要性 / 105

时间上的"留意细节" / 107

领导性格类型的"留意细节" / 109

行为和感官上的"留意细节" / 112

"留意细节"要从小事做起 / 118

"留意细节"的表达方式 / 120

"留意细节"的关注程度 / 125

第六锤 用什么方式（which）/ 131

沟通中要有"坏事早说"的习惯 / 133

选择"坏事早说"，让领导及时应对 / 136

提示一：三节律周期的工作思维 / 138

提示二："心有对方"的工作思维 / 141

提示三：行为参照的工作习惯 / 142

提示四：好习惯培养的 3 个时期 / 144

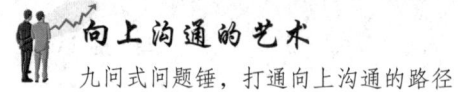

第七锤 如何做（how to）/ 149

沟通中"观察回应"的习惯 / 151

跟领导工作互动中的 6 个观察要项 / 154

观察 6 类领导不满意的下属 / 159

观察领导时，3 个阶段下的行为要求 / 162

第八锤 是多少就是多少（how many）/ 165

沟通中要有"遵诺守信"的诚信习惯 / 167

为什么要信守承诺 / 169

3 种失效的承诺表现 / 172

重诺之人，有 4 个品性特征 / 176

承诺不是轻易许下的 / 179

诚信就是认真兑现每一次承诺 / 182

第九锤 什么程度（how much）/ 185

沟通中要有"说全、到位"的习惯 / 187

为什么要有"说全、到位"的习惯 / 190

5 种不同信息的对应 / 192

"说全、到位"的 7 个注意事项 / 194

后记 / 199

总记

什么是九问式沟通法

- What 说清来意
- Why 不懂就问
- Who 主动工作
- When 回复确认
- Where 留意细节
- Which 坏事早说
- How to 观察回应
- How many 遵诺守信
- How much 说全、到位

九问式沟通

向上沟通的艺术

九问式问题锤，打通向上沟通的路径

职场中存在两种角色：领导和员工。而向上的工作沟通就是在这两个角色之间推动工作的进展。如果沟通顺畅，则工作进展顺利；如果沟通不顺畅，就会引发不必要的麻烦。

领导郁闷：

- 话说得很清楚了，怎么就听不明白？
- 这人怎么那么不省心，做事情还要我盯着？
- 有事就跟我说，他怎么就自己决定了？

下属抱怨：

- 我是按你的意思办的，怎么就错了？
- 我说什么都是错的？
- 这些问题我明明提过，他怎么就不记得了？

真是公说公有理，婆说婆有理。相信领导有领导的问题，员工也有员工的问题。要知道，沟通从来都不是单向的问题，而是在这一来一回中把控信息的传递与反馈，进一步达成共识，尽量避免失误，从而发生沟通的困扰。

有个问题可以思考一下，人一旦遇到麻烦事儿，第一反应是什么？

"不关我的事儿啊！"

"这跟我有什么关系？"

"这不是我的问题啊！"

人们总会把自己从问题或事件中摘出来，这个思维正常吗？

这其实是人在自我防御意识下产生的一种惯性思维，总是习惯性地站在自我的角度去考虑问题，以至于沟通双方经常不在一个频道上，找不到沟通的契合点。

同样的，职场沟通是需要将你知道的信息传递给对方，做到信息共享，用恰当的沟通方式来推动工作的顺利进行。

作为员工，要多从领导的角度去考虑问题，比如：还有什么更稳妥的工作思维；怎样保持跟领导之间的和谐关系。这些习惯不仅可以让工作更顺畅，还能以此得到领导的信任，得到更多为自己所用的工作资源。

因此，我们要从领导的角度考虑问题，做好向上沟通。下面就给大家介绍九问式沟通法，也是9把问题锤。

分别是：

第一锤：什么事情（what）

第二锤：为什么这样（why）

第三锤：什么时间（when）

第四锤：该跟谁沟通（who）

第五锤：重点在哪里（where）

第六锤：用什么方式（which）

第七锤：如何做（how to）

第八锤：是多少就是多少（how many）

第九锤：什么程度（how much）

这些问题都是职场中经常遇到的场景，是领导关心且下属无法避开的问题，频繁出现在领导对下属的提问中，如下：

向上沟通的艺术

九问式问题锤,打通向上沟通的路径

第一锤场景:

领导:"你在说什么啊,再说一遍!"

对应问题:什么事情(what)——领导不知道你在说什么

第二锤场景:

领导:"你最近怎么回事,怎么会发生这样的事?"

对应问题:为什么这样(why)——领导不知道你发生了什么

第三锤场景:

领导:"这是什么时候的事,怎么不告诉我?"

对应问题:什么时间(when)——领导不知道事情的进展

第四锤场景:

领导:"你指的是哪一个啊!"

对应问题:该跟谁(who)——领导觉得你说得不明确

第五锤场景:

领导:"拣重点说!"

对应问题:地点或重点(where)——领导喜欢简明扼要的汇报方式

第六锤场景:

领导:"你是用什么方式解决的?"

对应问题：什么方式（which）——领导期待你的解决方式

第七锤场景：

领导："你怎么做到的？"

对应问题：怎么做（how to）——领导重视的工作默契

第八锤场景：

领导："多少人，知道吗？"

对应问题：多少（how many）——领导不知道数据评断，无法给出正确的判断，也就无法给员工指示。

第九锤场景：

领导："费用呢？"

对应问题：程度／费用（how much）——领导不清楚费用标准，无法核算成本。

只有预估到以上9个问题，才可以让我们在面对领导工作沟通时，做到有问必答并有理有据！也能在接受领导的任务后，更有方向，且更有条理和计划性。

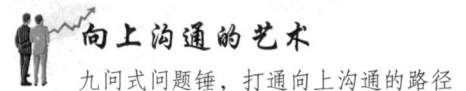

向上沟通的艺术
九问式问题锤，打通向上沟通的路径

如何运用九问式沟通法

知道了九问式沟通法（什么事情、为什么、什么时间、对象是谁、地点或重点、什么方式、怎么做、多少、什么程度），那么又该如何运用到工作中？

有两种用法：

1. 接受领导的任务指示时；
2. 执行领导的任务过程中，没有头绪时。

第一种情况，接受领导任务时，领会领导下达的正确指示，运用举例：

领导下达了一个工作指令：请帮我联系一下 A 客户，明天见面。

首先，要搞清楚以下 9 个问题的答案。

锤一：领导是为了什么事情安排见面？（what）

锤二：见面的目的是什么？（why）

锤三：明天见面的时间是？（when）

锤四：约谁见面？（who）

锤五：约在哪里见面？（where）

锤六：根据主题安排什么方式？（which）

锤七：怎样完成好（有什么需要注意的）？（how to）

锤八：同行的会有多少人？（how many）

锤九：如何保障顺利（程度）？（how much）

围绕指令的主题，问问自己，是否都知道答案，知道的就执行，不知道的就要去跟领导确认，落实清楚。

比如：

事情：会议面谈

为什么：谈合作细节（什么合同）

时间：明天下午 15:00（××年××月××日）

地点：公司会议室

跟谁：A 客户赵总

方式：资料准备、投影仪等会议道具准备

怎么做：确认 A 客户准时到场

多少人：赵总跟领导（以及同行的人）

程度：会议开始前及过程中，确保会议室不受其他工作干扰

确认以上问题后，总结成完整的工作指令。

为了领导跟 A 客户的赵总在我司会议室面谈合作事宜，我需要确保能联系到赵总，并确保他是否能在 ×× 日的下午 15:00 准时出席。确认后，开始准备资料，保证投影仪设备等各项道具的正常使用，并保证下午 14:45 之后的会议室不会受到干扰。

这样既全面又不容易偏离领导的指令，是九问式沟通的第一种用法。

第二种情况，执行领导的任务过程中没有头绪，不知道怎么办？

这个时候，要重新梳理一下问题，有不清楚的问问自己为什么，其用法仍然是先锤开9个问题，细细解惑。如：

why：为什么要安排见面？

锤开：哦，是为了××项目的合作细节。

When：为什么要预约15:00的时间？

锤开：哦，考虑到客户路上要花费时间，而且领导那个时候也有空。

……

其余问题依此类推，把9个问题逐一思考，这9个问题搞清楚了，自己的思路也就清晰了。这样做起事情来，既顺畅又有目的性，不至于像个无头苍蝇似的，完全没有方向。同时也能避免出现信息遗漏失误，也能避免在领导面前出现一问三不知。如此，您跟领导的沟通会更顺畅，减少不必要的质疑，增加领导对您工作的认可度。

所有的学习工具都要在执行中养成一个习惯，九问式沟通法的运用也是一样的，要多用、多锤、多思考，才会有一个有效的工作方式。

九问式沟通法的9个习惯

不是每个领导都会将任务跟下属解释得非常详细,所以员工要去问不知道的部分,并确认知道的部分。这样的工作方式最好从沟通开始就养成。

九问式沟通法中,每个问题下的习惯养成都会成为我们的工作助力,使我们成为领导心中不可或缺的人。

这些习惯分别是:

第一锤:什么事情(what)

对应的好习惯养成就是,在向上沟通中,先"说清来意",避免领导一头雾水,不知道你在说什么。

第二锤:为什么这样(why)

对应的好习惯养成就是,在向上沟通中,要有"不懂就问"的请教习惯,借助领导的力量帮你解决疑惑。

第三锤:什么时间(when)

对应的好习惯养成就是,在向上沟通中,掌握好工作沟通的时段,不要让领导来催,更不能一问三不知。

"主动工作"的习惯能避免领导质疑你的工作能力。

第四锤:该跟谁沟通(who)

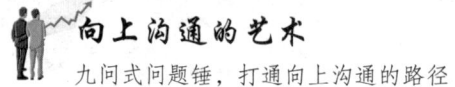

对应的好习惯养成就是,在向上沟通中,要有"回复确认"的习惯,做正确的事,跟对的人汇报工作,避免更多的工作失误,甚至造成上下级关系的恶化。

第五锤:重点在哪里(where)

对应的好习惯的养成是,在向上沟通中,要有对重点"留意细节"的习惯,了解领导的沟通模式,调整自己的工作方式。

第六锤:用什么方式(which)

对应的好习惯的养成是,在向上沟通中,坏消息要尽早告知领导,"坏事早说"的习惯能够避免事态恶化。

第七锤:如何做(how to)

对应的好习惯养成是,在向上沟通中,要有"观察回应"的习惯,掌握跟领导的工作默契,找好时机,避免打乱领导的工作节奏。

第八锤:是多少就是多少(how many)

对应的好习惯养成是,在向上沟通中,要有诚信,避免失信于领导,在领导面前没有信誉可言。

第九锤:什么程度(how much)

对应的好习惯养成是,在向上沟通中,要有"说全、到位"的习惯,避免跟领导沟通时,出现遗漏、失误、信息丢失未传达到的现象。

9个问题下的习惯养成,目的在于提升员工跟领导之间的沟通效果,在恰当的时机完成领导布置的任务,让领导满意。

为避免前人的困扰,应吸取前人的教训,养成好的工作习惯,解决好跟领导

之间的沟通问题,尽快融入职场,获得成功的通行密码。

接下来,针对以上9个习惯,我们进入习惯养成的篇章。每个篇章的习惯养成再结合工作场景,迅速为您打开职场晋升之门。

第一锤 什么事情（what）

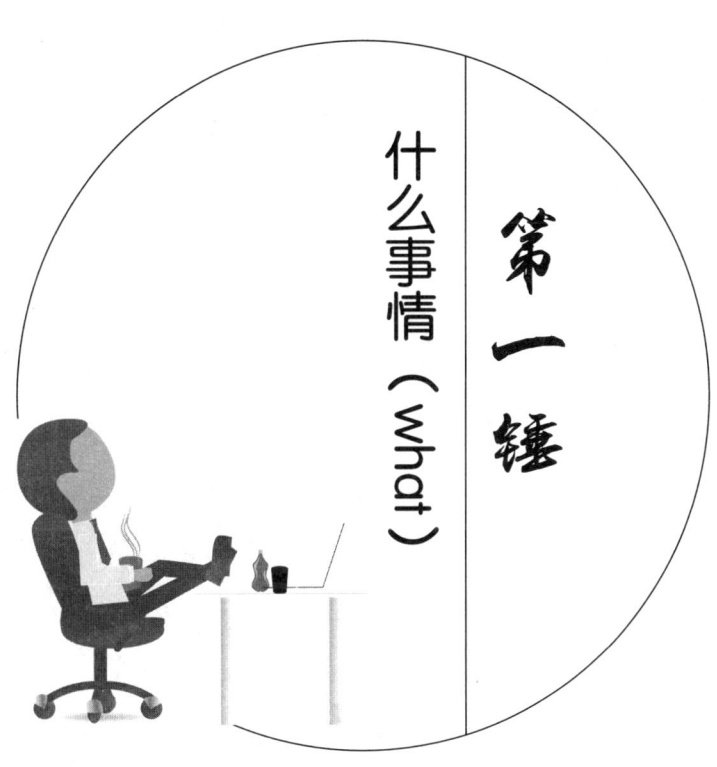

沟通前"说清来意"

目的： 与领导沟通工作时，先说清来意，避免领导一头雾水，不知道你在说什么。

场景1

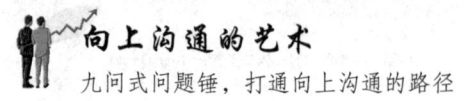

向上沟通的艺术
九问式问题锤，打通向上沟通的路径

马上就要月底了，小文好不容易看到领导管经理出现在办公室，赶紧来找管经理："经理，你终于回来了！不然我这边不好做事了，财务都来催好几次了……"

"什么事情？"管经理从一堆数据中抬起头，打断了小文的牢骚。

"说清楚，别浪费我的时间。"管经理不耐烦地说道。

场景1分析：从结果可以看出，小文的沟通是失败的。我们先找出问题，看看如何找出应对的方法。

问题在哪里呢？大家还记得换位思考的模式吗？这里有两个角色，一个员工小文，一个领导管经理，先从他们各自的角度来思考下各自立场。

文中管经理是否满意小文的沟通方式？显然不满意，否则不会说"别浪费我的时间"。

为什么呢？当时管经理正在处理一堆数据，注意力高度集中，小文冷不丁的一番话，让他一头雾水：到底来干什么的？有事就赶紧说！

而小文呢？他是不是想表达，自己手里的事情不能拖了？"我好不容易等到你，这次一定要把事给办好了，不然我的工作好难做啊！"

可是等来的结果，是管经理的不耐烦。

从这可以得出，这个场景的问题是小文没有"说清来意"。

要想达成目的，就要先把来意说清！给领导一个判断的依据，对方才能理解"哦，这个事情啊，我是要处理了"。

所以应对的方法应该是先把来意说清楚。比如：

管经理，我是来汇报……工作的。

管经理，有个关于……的事情，急需您签字。

将来意说明了，相信管经理不会用一句"别浪费我时间"来回应小文。知道来意后，领导也能很快反应过来，"哦，是这事啊"。

这里有个有争议的问题，以上都在说小文的沟通方式是有问题的，那么管经理有没有问题？

有人说有，有人说没有，说有问题的人是认为管经理对下属是不是太不耐烦了，说话为什么一定要带着情绪呢？

个人觉得管经理的反应是因人而异的，在职场规则中，小文是谁？管经理的下属。管经理是谁？小文的上级。下级服从上级，是职场中要严格遵守的管理秩序。

但从管经理的反应来看，小文是否能跟管经理说："管经理，你不能好好说话吗？"

显然不能！

这样不仅不能解决问题，还会激化矛盾。

在学校读书的时候，老师和家长有责任和义务耐心地来教导我们应该怎么做，但进入职场后，领导不会无回报地教导你如何适应职场。与其等着别人来告诉你怎么去做，不如自己用心地去提高工作能力，正视职场规则，对已经发生的失误或问题，用积极的心态来面对。

在跟领导沟通前"说清来意"的这个习惯养成，最终的目的是让我们清楚地向领导传递"来意",否则,两人很难沟通顺畅。

了解到来意后,领导也会很快进入主题,因此这个场景"锤"开的问题就是,沟通前要跟领导先说清你的来意。

不同沟通状态下的"说清来意"

工作沟通一般分为两种状态:一种是主动去跟领导沟通工作的状态,另一种是领导让我们去沟通的被动状态。

主动沟通:要让领导跟我们处在同一个知情状态,沟通起来才会更顺畅。我把小文的案例还原一下,您来比较一下效果。

没有"说清来意"的对话结果:

小文:"总算等到您了,您不知道,我的工作真的很难做下去了……"

管经理:"想说什么?别浪费我的时间,我忙着呢!"

"说清来意"的对话结果:

小文:"管经理,月底财务要做账了,我这边单子急需您签一下,您看……"

管经理:"哦,这事儿啊,行,我知道了!"

领导的两种态度,距离小文的目的达成,哪个更接近?显然是后者!

不过,特殊情况也要特殊处理。如果是复杂的事情可以提前发个邮件,告知一下对方,并约个时间,或是把相关资料先发给对方,让其有个了解的基础,这样沟通起来会更容易些。在讲究效率的职场,效率高的,才是领导看中的。

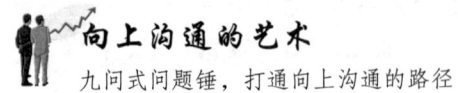

向上沟通的艺术
九问式问题锤，打通向上沟通的路径

被动沟通： 在领导有事吩咐下属，领导肯定是知道因由的，但是下属是否真的明确，那就不确定了。

如何应对，有两种情况：

1. 当领导说了因由后，没有阻碍，他问什么，下属就答什么。

举例：

领导问："A公司的合作进程顺利吗？"

下属回答："顺利，已经接近尾声了。"

2. 领导没说因由，要请下属要帮他先说来意或因由：

举例：

领导问："工作还顺利吗？"

下属回答："哦，关于跟A公司的合作？目前……"

第二种情况有个好处：

在领导知晓话题内容，而下属不知道时，下属要先帮他梳理"来意"，这样可以确认心中的预测"是不是要讲这件事"，避免出现误判、误解。试探之下，如果与领导的"来意"不符，自然就引导出他的"来意"或接收到你的提示，"哦，对，我还没说清楚是什么事"。

尽量避免以下情况：

第一锤 什么事情（what）

领导问："工作还顺利吗？"

下属回答："顺利啊，没有什么问题啊！"

此时，领导会心生疑问：怎么顺利？进展到什么位置了？都遇到了些什么问题，都能完美解决？他是否真的顺利，还是敷衍？

人，是很奇怪的生物，看到和听到的总是往自己所期望的方向思考，这样的思维也不免会出现误解以及判断失误。因此，被动沟通时先"说清来意或因由"，就会减少由情绪带动的事态，往负面方向发展。

另外，领导"说清因由"后，下属再复述一遍是有必要的。

领导："上次让建档的事情，有进展了吗？"

下属："哦，关于建档的那事，完成了……"

会不会有人觉得啰唆，对方都说了是什么事，我还去重复不是显得烦琐吗？有效率的人就不会这样沟通，通常都是简洁明了的。

各位，职场沟通能够做到简洁明了当然好，但是沟通最终达到的效果是要自己说得清楚，对方听得明白，这才是沟通不变的宗旨。职场是个严谨的场所，时刻提醒我们：说话机会就是证明自己的机会。

复述领导的话也有两点好处：

1. 领导"说清来意/因由"后，下属再跟着复述一遍，可以确认自己听到的、所理解的是否是领导想要表达的，这首先保证跟领导之间的是在同一个频道上。

2.领导"说清来意/因由"后，下属再跟着复述一遍，可以快速地整理一遍领导要说的内容，给自己一个迅速调整的时机和方向。要不然，刚从一堆事务中又转入另一个事件，可能没那么快记忆，工作忙碌不是只有领导才会有的，下属有时候忙起来不亚于领导，所以，要清楚因由，了解领导来意，还要记忆，以免忘记。

领导："建档的事进展如何了？"

下属："哦，那个啊，呃……我想想……"

以上情景有没有遇到过？

在接收任务时，多说一句既给了自己反应的时间，也不会给领导增加负担。少说一句也许不会出错，但万一出错呢？关键是看当时的状态，领导要是着急要答案，下属肯定选择他问什么，就答什么。一般情况下，最好还是复述一遍，让自己和领导都有一个沟通的心理准备。

"说清来意"的暗示语

事件的表述不同，呈现的效果和结果可能就不同。

举例1：

小文："管经理，月底了，财务报销单需要您签个字。"

潜台词是：月底了，不能再拖了，您就给签个字吧！

举例2：

小文："管经理，关于月底报销单的事情，财务这边催着要，麻烦您签下字。"

潜台词是，我真没有办法了，您得帮我签啊，财务这边赶着要啊！

举例3：

小文："管经理，耽误您点事，可否先帮我先签下报销单？"

潜台词是：我真没想打扰，谁让您忙呢？

举例4：

小文："管经理，能抽出一点时间吗？帮我签下报销单？"

潜台词是：不费事的事情，您就别磨蹭了。

向上沟通的艺术
九问式问题锤，打通向上沟通的路径

以上的各种说法，其目的和结果是一样的，都表明了自己的态度，但是效果和感觉是不一样的。关键在于事件的内容和情绪表达。

这种说话的沟通艺术中，就叫暗示语。相信吗？每一个人说的言语背后都有意义。在职场中，了解到暗示语的力量，可以帮我们缓解某些场合下的紧张氛围，让对方更容易接受我们想要沟通的目的，也可以更好地领会对方的真正意图：

1. 我出去打个电话——意思是，希望对方知晓他当下的动态，有事方便联系他。

2. 明天我去你家啊——意思是，希望你有所准备。

3. 有什么问题跟我说啊——意思是，我可以帮你解惑，或者为你分担。

语言的含义，有些是有意发出的，有些是无意识地说出，不管是哪种，留意到一些信息会给我们一些额外的助力，这是迈向成功的实践证明。

下意识地留意用语的含义，增加沟通的流畅度，可以让领导更容易接受我们，同时也让我们更全面地领会领导的工作指令，何乐而不为。

符合领导模式的沟通方式：事件+结果

来做个换位思考的选择题：当我们作为领导时，遇到下属来汇报工作，你的第一反应是希望先知道结果还是先知晓原因？

一定是结果！虽然原因可以清楚知道结果的来龙去脉，但结果才是推动的。

站在领导的角度，有几个因素要知道：

效率；时间；落地。

这三个要素是一个公司发展的关键力度。在工作沟通中，领导先知道结果，可以有效地把控后续工作决策；先知道结果，可以节约时间，有效率地工作；先知道结果，可以安心听取其他内容。否则，忙碌的领导，一定会打断你的表述："废什么话，讲重点！"

因此，"事件+结果"是符合领导需要的方式。

领导一旦先知道了结果，也就掌握了这个沟通内容的80%，比如：

小文："管经理，上周您让我安排的拜访，王总同意了！"

这样一说，管经理就放心了。这也是你能力和效率的体现。

当然，并不是说原因不重要，过程也是领导需要知道的内容。不知道过程，领导无法分析事件因由。但前提是，对方要有想探究的时间和好奇心！就算你喋喋不休地说了，他勉强听了，有可能会选择性地听，或是让我们再讲一次，在效率和时间方面彼此同样是费时费力的。

总之,"事件+结果"的沟通方式,是工作沟通中一个不错的有效方式,也是被领导认可的一种方式。

"说清来意"的3个沟通方法

如何"说清来意"前面已经提到过,但是如何完整地全方面地说清楚事情,还是有必要提的。当你以为事情差不多的时候,用这个方法,不仅可以让我们的大脑思维打开,还可以从不同角度完善我们原本以为的结果。

说清来意也是在沟通,所以怎样把话说清楚也是有方法的。下面,我就介绍三种说话方法。

一、PREP 谈话法

两人说话不在一个频道上,是很费力的一件事。因此,要学好语言组织能力,才能在领导面前用最快的时间讲清楚,让他听明白。如果说话没有要点,没有逻辑思路,就要试试 PREP 谈话法。

PREP 是 4 个英文单词的首字母组合,分别是:Point、Reason、Example、Point。中文的意思是:观点、理由、举例、结论。它的用法,简单说就是:先告诉你我是来干什么的,给你一个原因,再给你一个实际发生的情况,最后看你是否给予我支持。比如:

Point 观点 小文:"管经理,关于财务报销单的事情,需要找您签个字!"
Reason 理由 小文:"月底了,时间有点紧,知道您忙,辛苦了。"
Example 举例 小文:"这两天财务一直在催着,跟我抱怨了好几次。"
Point 结论 小文:"您抽个一分钟就好了,帮我签了吧!"

这样有理有据，事情就基本说清了。完整的话是："管经理，关于财务报销单的事情，需要找您签个字！月底了，时间有点紧，知道您忙，辛苦了。这两天财务一直在催我办这件事，跟我抱怨了好几次，不得已只好找您签字来了。"

任何"工具"都要经过实践演练才能运用好。您也可以试着用PREP谈话法来练习一下。比如：

（1）您觉得电影《流浪地球》怎么样？

（2）您对未来工作的期望是什么？

（3）您喜欢现在的工作吗？

自己多去练习一下，就可以熟练运用了。

二、总分总结构法

记得学校里写的议论文吗？就是总分总结构，一共分为三个步骤：前后两个部分都在强调一件事，前面是开局，最后是定局，中间是举例说明。

总分总结构的用法：

（总：先说来意结果）小文："管经理，关于财务报账单签字的事情，跟您汇报一下！"

（分：再说理由例证）小文："月底了，财务这边催得紧，只好打搅您工作了。"

（总：最后强调结果）小文："要麻烦您的签字了，一分钟就好了，谢谢！"

总分总的结构用一句话概括，就是："管经理，关于财务报账单签字的事情，跟您汇报一下，月底了，财务这边催得紧，只好打搅您工作了，要麻烦您签字了，一分钟就好了，谢谢！"

其实，这两个方法也比较雷同，只是中间部分的不同，一个是原因和举例分开，一个是原因和举例结合。之所以要跟大家分享，是因为总分总结构法跟接下来要说的第三条"数字顺序的结构法"有关。

三、数字顺序的结构法

前面两个的结构用法基本能清晰表达您要说的内容了。可以将复杂的事情简单化，这也是成人学习的思维方式。如何做减法，这个思维方式在帮我们减少工作量的同时，也很容易地帮我们梳理复杂的工作，引导我们的思维逻辑走向清晰化。就像二战时期的巴顿将军，这位将军曾经让人们更多记得的是他强势的一面。可是他还有另外的一面，我们知道在那个年代，战争中最主要最保密的沟通方式是电报，巴顿将军可以用电报让方圆70公里内的军队统一听他指挥，这是非常难的，但是他做到了。之所以成功，就是因为他化繁为简，用最简单的电报语言，找来头脑最简单的报务员听，试想如此简单的人能听懂的简单事，还有哪个士兵会接收不清？同样的，工作中，如果需要汇报的信息量大，而且一两句话也说不清楚的，那我们可以试试用"总分总＋数字顺序"的结构法来说明，比如：

1，2，3

首先，然后，最后

第一，第二，第三

举例：

管经理找来小文，亲切地问："最近总部装修，报价的预算似乎高出去年分公司很多啊，能解释一下吗？"

小文说："分公司那边以前没有更换交换机系统的。但是总部这边的交换机是不能少的。而且，分公司的高管较少，总部的高管较他们普通员工的高，比我们本地总部低很多，就不需要在总部多建单独隔离的经理办公室；我们这里有休闲区，他们那里没有；因为人多，之前会议室常常会不够用，所以这次会议室我们要增加两个，这样也就比他们多了；分部的茶水间是大楼共享的，而我们的茶水间原本就小，趁这个机会也不能不改善，仍保持用小号的吧，洗手间也是算在内的，再说总部的前台就占用了一个大办公室的面积，他们那边又没有。"

听起来会很累吧！

换成"总分总+数字顺序"的结构法再来试下：

小文：管经理，对于总部装修预算高于分部的问题跟占地面积有关，有几点跟您说明一下：

1. 总部有交换机系统，分部没有；

2. 总部管理层多，需要的独立空间比分部多；

3. 总部的机房需要占面积，而分部没有；

4. 总部会议室占地比例也比分部大；

5. 茶水间、洗手间和前台的面积都大于分部。

所以，这次总部装修预算是要高于分部的，稍后我会将审核材料发到您邮箱，这样看起来会更清晰一些。

这样的汇报会不会好很多？逻辑清楚，领导听起来也不会一头雾水。

数字顺序不是多复杂的工具，重要的是要去练，要去练，要去练。

"说清来意"的沟通顺序

"说清来意"的目的是要让对方清楚我们来做什么。如果对方是领导的话,我们会因说不清来意惹得他给出负面评价。因此,我们要根据事态的紧急情况"说清来意",让领导第一时间清楚我们的来意,并及时应对。在实践中,我们可以在跟领导的沟通中养成习惯,形成常规的沟通模式,明白什么事先做、什么问题先沟通。

事有轻重缓急。哪些事是紧急的?哪些事不是紧急的?如何界定急与不急的事情,这就涉及事情处理的优先顺序了。

一、职场中紧急重要的事有哪些要素

比如:紧急状况,领导(你)不参与就解决不了的事。这是紧急重要的。

在沟通时要注意:

在时间上,我们要频繁地去汇报,让领导知道进展,这样会缓解他的焦虑。

在汇报的时候,我们要尽可能详细地提供判断的依据,问题解决起来才更有把握。

二、职场中紧急不重要的事情有哪些表现

比如:造成干扰的事,突然来访,客户留言、信件、报告和会议等。这是紧急不重要的。

此类我们要尽快去请示汇报，因为你不知道这些事是否对领导是重要的。如果不第一时间告知领导，他会指责我们"你为什么不告诉我啊"或"耽误紧急的事就麻烦了"。

三、职场中重要却不紧急的事怎么说

比如：准备工作、预防措施、计划、人际关系、学习等。这是重要不紧急的。

此类问题我们可以提前约好时间和地点汇报，重要却不紧急的事说明时间是足够的，在不影响工作的前提下，重要的事慎重地对待，在处理方式上，就有时间全面细细地说透，不会因时间的紧迫而匆忙定义，这也是让领导了解我们对待事情的认真态度。

四、不重要也不紧急的事情是哪些

比如：琐事、信函、聚会。

这是不重要也不紧急的。

在时间上，我们有空就说，具体看当下的状态可行的选择。

刚进入职场的朋友，一开始对于工作中会出现的沟通障碍，会有各种不适应、不理解，常常会因为领导的一句话或一件事做不好而容易受挫，这都是因为在进入职场沟通习惯没有调整好的缘故。

进入职场的朋友遇到的工作沟通障碍，大多是因为跟领导之间发生冲突与矛盾，没有处理好跟领导之间的沟通问题，以及为人处事上出现方法错误，而这些都源于平时的工作习惯。

在领导面前有两个下属：一个很有能力，但沟通能力差；一个能力一般，但沟通能力强。如果需在其中择一而用的话，一定是后者，因为领导更讲究沟通能力，这也意味着效率。

如何培养自己的沟通力，养成职场习惯，做好跟领导的工作沟通，就从这里开始修炼吧！

总结第一锤:"说清来意"的习惯运用

1. 说清沟通的主题和目的，别让领导来猜；

2. 让领导快速领会下属的来意，尽快与你一起融入话题；

3. 让领导和自己处于同一话题的频道；

4. 避免错听或误听领导的话题，复述领导给的指令；

5. 用暗示语的力量活跃谈话氛围。不方便说的，要懂得迂回；

6. 利用谈话法将复杂的事情简单化，这样容易理解与记忆；

7. 工作的优先顺序很重要。分清主次，别让领导来安排。

第二锤 为什么这样（why）

沟通中"不懂就问"的请教习惯

目的： 遇到棘手的、搞不清楚的、有难度的、自己无法解决的事，就去向有能力的人请教，对象可以是领导、朋友或同事。

场景 2

小文和小张同时进入公司，小张却升职了，小文觉得自己做事比小张要快，而且完成得也多，结果升职的却不是自己，心中难免不服气，为什么会这样呢？

小文搞不明白，心里就不舒服，工作中也带了情绪。他想了想，不能这样，有问题还是要弄清楚得好，于是他去请教管经理。

管经理听了小文的疑惑，笑了笑说："你做事情确实很快，但是做得快不等于做得好呀。记得上次我让你整理的资料吗？你很快就交了，可是里面很多数据是没有经过验证的，而且备注上还有错别字，相反，小张虽然做事慢，但交上来的资料就实用得多了。"

场景2分析：从结果可以看出，小文在领导那里找到了答案，困惑也得到了疏解。当然了，领导对小文的求教心态是认可的，他所发出的信息是，明明白白地告诉管经理"领导，我不懂啊，请您告诉我，我可以后期改正"。试问哪个领导不喜欢"求知"的下属，不怕你不懂，就怕你不懂装懂！

与之呼应的，小文"不懂就问"的请教行为，最终让他找到了问题的缘由，不然继续糊涂工作下去，小文的未来是令人担忧的。

这个例子从侧面告诉我们，如果在工作方法上有了问题，就要去跟领导请教，这样领导给予我们的反馈更多的也会是教导，而不是训斥。

从工作本身来说，不懂就问，向人请教，怎么解决问题，用他人的智慧帮助自己，是要锤开的另一个课题。

请教问题的好处

作为领导，很多方面肯定是强过下属的，比如组织经验、人脉资源以及解决问题的能力等。所以工作上遇到的问题，领导可以作为我们重要的沟通对象、请教对象。

这样做的好处是：

1. 知道自身的问题所在，及时改正；

2. 通过领导的帮助拉近彼此的关系；

3. 学习领导的工作解决能力；

4. 接触领导的人脉资源；

5. 提升学习能力的同时，获得领导好感。

另外，我补充一下问题请教的范围，比如：对某件事不知道该怎么办时，遇到问题犹豫不决时，吃不准上司的命令、指示或指令时，对工作内容不清晰时，出了事情或自己犯了错、惹了祸时等，可以去请教或寻求解决办法。

生活中有些俗语形容请教的作用很贴切，例如：

1. 三个臭皮匠，顶个诸葛亮；

2. 众人拾柴火焰高；

3. 一个篱笆三个桩，一个好汉三个帮；

4. 人多讲出理来，稻多打出米来；

……

这些都是说，当遇到问题或困难时，要去考虑跟人请教，众人的力量总比一个人盲目的努力要好。

向领导请教工作上的问题，有一点要特别注意：遇到问题首先自己要想办法去解决，不用一有事情就去请教。请教问题不是我们作为逃避责任的一种手段，而是推进工作的一种手段。

可以请教的人才库储备

除了领导以外,还有其他请教的人选吗?毕竟不能一有事就去请教领导吧。时间长了,领导也会厌烦的。所以,我们应该去打造属于自己的人才库。

1. 利用工作关系和周边同事接触,有意识地去了解观察,有意识地了解工作的组织结构,各岗位的人员、职务、责权、工作现状和他的为人。心里有数了,以后什么人适合向他求教什么样的问题,一旦有需要,就从这些人中选择适合的求教对象。

2. 慎重考虑合适的人选,比如:比你有经验的、有内容的、愿意帮忙的,还有能客观帮忙分析的人。同时,不合适的人也不能找,比如:不太了解事件内容的、性格容易冲动的人。

3. 要注意关系的维护,比如,替对方考虑他的状态,在寻求帮助时问"您现在方便吗,忙吗?"

需要注意的是,别轻易去麻烦别人,请教问题要有一定的难度。太容易解决的事没必要,也会被人小瞧;如果请教后你不满意,可以重新找别人,但最好不要提及让你不满意答案的人;不要一直找同一个人,要用在关键时刻,不然别人也会厌烦的;不要当面否定人家的建议,不满意的话,不采用就好了。

遵循这3点去储存人脉资源,应该会对你有所帮助。但是,请教时也要注意

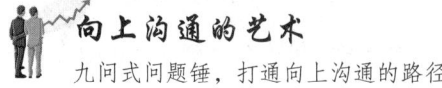

方法。

1.在态度上。请教时要谦虚,听的时候要认真。自己有想法是好事,但是听着听着,忽然灵感一闪,有个更好的想法,就立马打断别人,甚至反驳对方的建议就不合适了,这个做法很容易得罪人。不管好或不好的,可以先记下来,回去再琢磨一下,或许你当时觉得不可行的想法,回去换个角度一想,其实是可行的呢。要训练自己多听,少说话。本来我们的目的就是要从别人那里得到意见,你多听,才能得到更多的解决信息。

2.在时间上。我们多注意一下,有的事情可能需要好几次才能完成求教,需要占用人家很多时间,这个时候不妨先跟对方打个电话、发邮件,发短信(微信)等,告知对方自己有什么想法或是困难需要帮忙分析、求教,给对方一个心理准备。比起贸然的行动,先试探一下对方的口吻,比如对这件事是否有想法、是否排斥,要是对方没有时间,我们也避免了一些不必要的打扰。

3.在建议的接受上。别人给的意见,不一定是你认可的,也不一定就是正确的,毕竟你是当事人,对事情更为了解。别人的建议可以客观对待,不要想都不想就接受,别人只是在帮我们梳理思路。如果是领导的意见,怎么办?跟他有关系的,痛快地接受,因为做决定的毕竟是他;跟他没关系的,就算有冲突,我们也要先听取,不反驳,后期有选择性地采用建议,兼顾领导的面子和自己的利益,才能赢取领导的好感和支持!

请教问题时的场景选择

比起电话和邮件,最好的请教方式应该是面谈。面对面的接触表示慎重与诚意,在请教效果上也有一定的说服力。

不过,不同场合下的请教也会有不同沟通氛围的营造,这会影响沟通谈话的质量和感觉。

比如:

1. 办公室、会议室——适合谈论工作上的烦恼和问题,比其他地方更容易进入角色氛围。

2. 屋顶、绿地、阳台、公园、凉台——这些空间开阔的地方,适合帮我们打开思路,让思维发散。心境不同,看问题就会有更多的角度。

3. 小会客室、独立房间——适合深入研讨,细致地思考问题,因为容易集中精神,不为外界打搅。

4. 楼道口、寂静的培训室、无人的空间场所——适合想对策,想怎么善后,领导要是批评你,不用顾忌他人的眼光,大家也能放开心态处理问题。即使有点争论,也能讲讲自己的想法,不会影响别人。

5. 快餐店、咖啡屋、餐馆——这种休闲场所氛围轻松,适合谈论自己的私事。双方都能以平等的身份,进行朋友之间的闲谈。

请教问题的策略

向人请教问题，或是请示汇报工作，不管对象是领导还是其他人，都要明白我们是带着问题去请教的，而不是依赖对方的帮忙，请一定要端正这样的想法，不然结果一定是盲目的，不知道自己的目标和标准，怎么辨别对方给出的建议是否合适呢？切记：请教不是去依赖别人、给别人添麻烦的，更不是将问题推给别人，自己做甩手掌柜。所以去请教或请示的时候，要讲究策略和方案。

我把它分为六个步骤：

第一个步骤：尽早去搞清楚问题，解决问题。

早点去，等拖到后面，自己都没时间了，情绪也糟透了，工作也做不好，所以，别拖着，能早解决最好是早点解决，越早自己越能控制时间。如果是工作的问题，可能会越拖越糟，甚至会影响别人的工作。

如果是复杂的工作，可以先将资料发给请教对象，让对方事先了解一下，这样也能节约彼此的时间。

第二个步骤：找好切入的暗示语。

举例：

1. 管经理，您在忙啊，这里有点急事，可以占用您一点时间吗？

意思是：我知道你忙，我只占用一点时间，可以吗？

2. 管经理，关于工作上的一点事情，抱歉打搅您了！

意思是：不好意思，冒昧打断您工作了！

3. 管经理，可以跟您请教一件我困扰已久的事情吗？

意思是：我真的很需要人帮我解答！

4. 管经理，本来不想打搅的，可是我心里不安！

意思是：不想来，但心有余而力不足啊！

5. 管经理，想了想，觉得还是过来跟您请教一下！

意思是：这个事情对我很重要，您帮帮我吧！

6. 管经理，对不起，我能想到的人只有领导您能帮我了！

意思是：领导，您的意见对我很重要，非您不可！

或许你有更多更好的切入语，只要我们用对的方式，不让对方反感，就能获得顺利进入主题的契机。

第三个步骤：想好预案的请教、请示。

我们试着用场景2的案例情景来设置一下请教的预案流程：

1. 沟通来意——你是为什么来的？

2. 问题/事实——你有什么问题，现在是什么情况？

3. 事情发展——继续下去会怎样？

4. 目的/想法——来的原因。

5. 预备方案——达到目标。

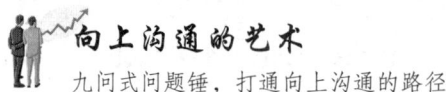

以上3个步骤要表达的意思：我是来干什么的、我现在发生了什么事情、事情的影响是什么？经过再三地斟酌，决定跟您请教、请示，这个方案如果不行，就看看另外的方案是否可行？

最好做好两手准备，万一他没时间，或是有其他的想法呢？那我们就可以换另外一个方式，确保今天的目标是可以实现其中的一种。

比如：

1. 沟通来意——管经理，有点工作上事情想跟您谈谈，可以给我点时间吗？

2. 问题/事实——听说小文升职了，我有点想法，我跟他同时入职的，做事比他快、比他多，为什么升职的人会是他。

3. 事情发展——最近工作有点不在状态。

4. 目的/想法——可以的话，想知道原因，知道我的问题所在，以后可以改正。

5. 预备方案：

方案（1）：知道我的问题所在。

一旦预感情况不对，马上调整。

方案（2）：及时补充。

有了预备的两个方案，随时切换，想办法让自己的目的达成，或是部分达成也好。其实领导有了第一个目标的引导，第二个目标也会往第一个目标上靠拢，不打无准备之战。

第四个步骤：倾听时要有回应。

为什么这么说呢，不是说尽量让对方说吗？

1. 我们要有这个意识，来请教问题的目的是从别人那里得到启发。想象一下，一个人喋喋不休地说话会不会有种唱独角戏的感觉。所以在听的过程中,要不时去回应对方,鼓励对方多说点!

比如:

"嗯,是啊,原来如此,就是这样。""对的,有道理,然后呢,您继续。""不错不错,我同意,是吗?""结果呢?太好了之后呢?""怎么这样?后来呢……"

用这些语气词与对方呼应,对方感到你是在认真倾听,而不是让他一个人在那里自说自话。

这样做的好处也有两点:

(1)对方在讲话时,你认真听,在重复对方话语的时候也是在思考,加深大脑的记忆,同时,还能自己分析,人家为什么这么说,为什么有这样的想法?

(2)对方说话的时候,你及时地回应,表示你在听,这就激励了对方愿意再多说点。

第五个步骤:共同参与问题解决。

终归不是人家的事情,听完我们也要表达出自己的想法和结论,说明对方帮到了自己:

比如:

我的想法是……

我打算这样……

原来是这样啊……

我这么认为……

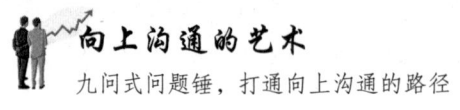
向上沟通的艺术
九问式问题锤，打通向上沟通的路径

您看我是不是可以……

用这些引语将自己的想法说出来，会令对方感觉你听进去了，并且有被认可的成就感。

第六个步骤：请教后，要有反馈。

不管是否达到自己的预期，自己一定要有反馈，把结果告诉对方，并去致谢，感谢他给予的帮助，加深信赖关系。

与其让对方通过其他渠道知道结果，还不如让对方了解到信息，这会让他有成就感。

下面两种请教结果都需要跟对方做出回应。

1. 达成自己的目标后，要回顾总结一下。

你是采取了什么方案？用谁的方案解决问题的？有没有自己的想法在里面？问题解决后，总结一下经验，也是下次请教的参考经验值。

2. 如果没有达成自己的目标，也要回顾总结一下。

为什么没有达成？是方式不对还是努力不够，下次该注意哪些方面。

向人请教是一门艺术。员工在向上沟通中，向领导请教的更多是跟工作有关的，不仅需要在措辞和态度上要注意，行为和方法上也要有一定的讲究。我们不光要通过请示请教的方法，帮自己解决困惑，处理疑难杂症，还要让领导对我们刮目相看，更近距离地了解我们，进而拉近关系，为未来的工作沟通减少障碍。

因此提出九问式第二锤：why（为什么）对应的习惯——"不懂就问"的请教习惯，是这里提出的第2个职场沟通的修炼。

总结第二锤:"不懂就问"的请教习惯运用

1. 工作上有了问题,及时找人请教。等到事情愈发严重,问题就不好处理了;

2. 建立人才库,选择合适的人请教。在有需要的时候,随时可以从中找到适合的人咨询协商;

3. 带着自己的方案去请教,别让对方感觉我们自己不动脑筋;

4. 尽量自己先解决难题,实在不行再去请教;

5. 请教的过程要注意态度。虚心受教是礼貌,有求于人要低调;

6. 请教前注意对方是否有时间。如果对方为难,可以换个时间再约;

7. 把握好问题,自己的事情自己最清楚。决策是自己要做的,责任也是自己要承担的;

8. 问题有了结果要告知被请教的人,尊重别人的付出,或许下次还需要请他帮忙呢。

第三锤 什么时间（when）

沟通中"主动工作"的习惯

目的：让领导省心、安心，避免领导因接收不到下属的工作信息而担心。

场景 3

管经理发现 A 部门的人事资料不全，就交代小文重新建档完善，争取一周内完成。很快一周就过去了，可是他迟迟等不到小文来汇报工作，只好亲自去问是什么情况。小文的解释是："经理，部门中有几个人休假了，我得等他们回来才能完成！"管经理生气了："他们要一年不回来，我是不是要等一年啊？"

场景 3 的分析：从结果来看，管经理对小文的工作很不满意，因为小文没有按时将工作完成，也没有向领导汇报进度。管经理想：我把工作交给你，让你一周完成，结果你没有完成，也不来告诉我一声，难道要我一直等下去吗？小文则

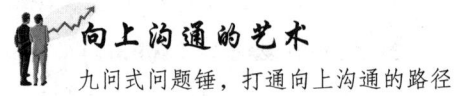

认为：部门有人休假，人不全，有些问题我得跟同事确认才能完成，如果自己只拿一个大概的结果跟你交差，回头还不是要批评我。

表面上看，是小文在工作执行上出了问题，导致管经理不满意。其实小文最根本的问题是缺乏解决工作的主动性，这也是我们在这个章节需要锤开的问题。

小文没有意识到，领导需要知道下属的工作信息，如果没有及时回复会让他无法去做下一步的工作判断。小文在接到领导任务后，应该不断给领导汇报工作进度，否则领导会怀疑下属是不是在偷懒，会担忧是不是出了什么问题，等等。

对应这样的工作场景，作为下属，要有化被动为主动的工作意识，在领导那里接收到工作指令后，有责任让领导了解目前的一个工作状态，让他及时把握下属的进展情况。

"化被动为主动"的工作习惯养成，除了提升工作能动性外，还会让领导更依赖和重用自己。

做个可以让领导安心的稳妥人

电视剧《我的前半生》里的贺涵不听领导话，反而让领导听他的话。虽然是剧情设定，但现实中有没有这种情况呢？这么说吧，现实中如果想让领导不管你，就要把被动的工作化为主动的工作。你做到了，领导满意了，相对就会放权很多，也就不会管你太多了。

不让人操心，这是领导希望下属做到的工作表现。即使没有他的嘱咐和唠叨，下属也把工作做得很完善。这既帮他分忧了，也说明员工靠得住。

安心是领导想要从下属那里获得的工作心情，要是领导什么事情交给他都很安心，这就意味着员工赢得了他的信任，也代表着下属的工作能力。

当一个人在职场中，一直处于被动工作，做事要领导操心，需要领导像父母对待孩子似地叮嘱，事后也不让领导安心，那么遇到场景三中小文一样的遭遇，就一点也不意外了。

在事例中，管经理在发出一周内做完的工作任务后，是希望小文及时回复的。小文没有及时回复，期间也没有做出任何回馈，所以让领导担心了。

如果小文接到工作后及时将任务的进展情况告诉领导，那是不是能避免一些矛盾？这也提醒我们，工作中的任何情况都是领导需要掌握的讯息！

在领导希望的时间节点送去信息

工作的结果与进展都是领导需要的信息。除此之外，还有哪些状况是需要跟领导汇报的呢？

很多！

比如：任务过程中发生的问题、发生的信息变化、计划的改变等都是领导希望了解的信息范畴。

职场工作中有一种现象是"我没问，你却说了"。这是有多好的默契啊！因为我还没问工作的内容，你就说了，简直太省心了！以后有工作，领导一定优先考虑你，因为交给你，领导放心啊！

换个角度看，下属也有自己的烦恼：

"领导动不动就发脾气，我不知道怎么跟他沟通，算了，还是多一事不如少一事，尽量不去打搅他了，省得一不小心就踩到他的雷区，吓死人了！"

其实，我们只要掌握领导希望你什么时候去汇报工作，你什么时候去就可以了。

场景三中，为了保持工作沟通的顺畅，小文向领导汇报就是他工作的一部分，也是作为下级员工的责任。如果不主动跟领导汇报工作结果，领导就失去了下一步对工作的判断和决策，不知道接下来工作指令该如何发出，甚至质疑小文的工作能力。

第三锤 什么时间（when）

"他不会忘了吧？"

"这个工作他行不行啊？"

"太不靠谱了，完全没有责任感！"

事实上，如果小文在执行任务期间很用心地做事，但不去汇报工作进展，那领导就会担心和怀疑了，甚至会跑来质问小文。那小文会不会很冤？一定会！所以主动去汇报工作，在领导希望的时刻去跟领导汇报工作进展，才能让领导安心。

该去汇报时不用犹豫，要让领导知晓我们的工作状态，这也是工作能力的体现。

以前有个老领导，在我刚进入公司带过我。他人很不错，可是他真的很啰唆。那是一家资产管理公司，旗下有很多分公司，我们所在的部门是运营部。一次，他要出差去外地某个分公司做3天的巡查培训。不巧的是，他家小孩生病了，就麻烦我替他出差，我一口答应。

出发去机场时，我接到他的电话，问我出发了吗，以及我的准备情况。我说出发了，有问题再联系他。

在机场过安检时，电话又响了，还是他打来的，问我到机场了吗？担心我路上堵车。我说，路上很顺利，我已经在安检了，有问题再联系他。

在酒店理办入住时又收到他的短信，上面写着"平安到达后，回个信息给我"。

我当时就回复了他。

晚上九点手机响了，是领导的微信，我数了下，共有12条信息，全是一些工作上的注意事项，出差3天，我做得最频繁的事情就是回复领导时不时"问候"的信息。

老实说，我很反感。我会认为你不信任我，为什么还让我做？下次别找我！

现在想想，倒是能理解他的焦灼心情，不放心嘛，工作是交给你了，但是责任还是他在承担。自己的事情自己做，是在掌控之内的，把事情交给另一个人时，接下来发生的一切都是未知的，怎么能不惦记？哪怕嘴上说我相信你，你放手去干，他就真的不担心了？只是担心的程度不同而已，并不等于不担心了。就算是业务熟练的老员工，有些领导或主管，开工前也会细细叮嘱，有的话到嘴边了，唉，算了，还是我自己来吧！说明什么？还是不放心啊。

现在我很感谢他自己承受压力，肯放手让我尝试工作，尤其我刚入职。借这个事情也是想告诉大家，要想让领导放心，下属可以在汇报的时间节点上多想想，什么时候将领导需要的信息汇报给他，并主动掌握好工作中的前、中、后3个重要的时间节点，这样领导一定会放心的。

接收任务信息时明确任务意图（任务前）

拿到工作任务时，不要着急行动，先去跟领导汇报一下自己的想法。

这样做的好处是：告诉领导你准备怎么做，让领导来帮我们把控工作的可行性。如果错了，或是偏离了他的目的意图，也可以帮我们随时调整。万一不行，也有可能从领导那里得到人力或是物力的支援，顺便也给自己一个保障。要是事情搞砸了，这也是领导同意参与的，尽量减少工作的失误。

场景三中，如果小文这样做会不会更好点？

小文在接受领导要求重建档案的工作任务时，把如何进行建档的计划告诉管经理，看看计划有没有问题。如是有的话，希望领导给予指出，经过领导确认的事情，即使有事也不会出什么大事，这就为工作上了一个保险。

如何正确地接收领导的指示？只有在领悟了领导发布指令的意图后，工作才能有效地完成。否则即使做出来也不是领导想要的，何谈让领导放心、安心？

一、确认与领导有同步的认知

最简单的方法就是用笔记录领导指示，抓住领导零散的、片段的思想内容。职场中很多领导不会将事情解释得很清楚，他们强调结果，过程就飞速掠过，但这些过程对于下属来说，却是很重要的执行参考依据。因此，在跟领导之间进行沟通时，下属最好有记录的习惯，全程记录领导讲的内容，这样就不会错过领导发出的信息，同时也可以从记录的内容中获得下一步执行的依据。

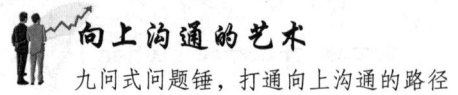

俗话说:"好记性不如烂笔头",所以在领导工作吩咐时,请带上你的纸和笔。

有朋友会认为,我可以用电脑记录,用手机录音啊。这些我也不反对,只要对方允许,方式不是问题!不过我个人较喜欢纸笔的记录,一个是没有忌讳,另一个是电器产品容易出故障。就拿电脑来说,没有纸笔轻便,万一没电了,万一死机了,万一坏了,这就很麻烦了,关键时刻还是纸笔更顶用。

二、从不同的角度去确认领导的指示

可以运用九问式沟通法,从不同的角度去对应领导的问题,从而总结得出领导最终的意图。多尝试用这个方式去思考,你会培养出一个思维的敏感意识,与领导的思维同步,让他对你的工作安心、放心,那么对你的重用也就指日可待。

三、行动上确认领导意图

1. 明示性的坚决执行:明确领导的意图后,对领导的要求要坚决做到,不容置疑。

2. 暗示性的心领神会:了解领导的意图后,领导的意思心照不宣,融会贯通地领悟领导需求。

3. 非确定性的补充完善:得到领导的意图后,搞清楚指令因由,完善信息,填补追加内容,安全地执行工作。

4. 确定性的如实完善:确认领导的意图后,照实去做,不弄虚作假,按事实完善,按事实做事。

5. 总体意图要完整遵循:领会领导的意图后,遵从领导的计划,不随便添加、篡改信息。

  6.具体意图灵活执行：得知领导的意图后，领导的想法要灵活地做，善于应变，不拘泥于规则或外界干扰。

勤于汇报任务进度（任务中）

工作过程中，出现任何的进展、问题，以及信息更新、变化、状态等，都要去跟领导汇报一下。

它的好处是：虽然我们跟领导确认了指令发布的意图，但后面他那里会发生什么变化我们是不知道的，万一他临时改了主意，或者他觉得不妥了呢？或是有事情发生需要重新调整工作了呢？职场工作中任何变数都有可能，不一定会一直朝着预期走。所以这个时候，要是我们主动去跟他汇报事情的进展，正是领导所期待的："我正想找你，你就来了。这可太省心了！"跟领导之间的默契就是由此一点一点产生的。

有些大大咧咧的领导，你向他汇报工作计划，他不一定耐心听，随便说一句"我这里有事，你自己看着办吧"。这时我们该怎么办呢？那我们只能按照自己的想法先做了。这个时候出现的汇报状态，就可以帮我们再次去确认领导的指示是否正确？可以再次帮我们确认领导的工作意图，就算他有变化，我们也不怕，因为我们一次不行，还可以二次、三次地去跟领导确认工作方向，这就是工作中去汇报过程进展的好处，能多方面地保证我们工作的正确方向。

就像场景三中，小文接到任务后，如果将人事发生的状态、变化及时告诉管经理，管经理会根据小文的信息，选择是否等待还是另有安排，这样也就不会出现管经理生气的一幕了。

在工作执行过程中,不要怕麻烦,要经常主动地去跟领导汇报工作进展,让他知道我们的工作现状。其实工作执行过程中会出现问题,无非是有事和没事,一点都不复杂。没事,我们去跟领导说什么?就说当下的工作状态,让他知情安心。有事,就更要去说了,别总想着领导会如何评断我没能力。你不说,出了事一定会被批评的。去说了,有可能领导会帮助你分析目前的工作问题,必要时还会支援你。如果你有请教的习惯,别忘了带上策略。要是保持在原地的话,就会出现我不行、不可以、不好办的僵局。你看,是要打破僵局还是逃避,很容易选择吧?

向上沟通的艺术

九问式问题锤,打通向上沟通的路径

主动跟领导汇报任务结果(任务后)

工作完成的时候去跟领导汇报一下,并利用这个机会跟领导分享我们的成功、成果,让他知道我们的辛苦,创造下一个工作的机会。

工作能力的展示便是我们未来发展的机会。

接到周期长的任务后,将计划、进展情况与结束感想及时地汇报给领导。毕竟时间长了,中间容易出现变故。跟领导汇报的内容是领导需要知道的工作依据。要是任务周期不长,也需要汇报吗?对的,工作"不论时长",都需要做到"事毕回复"。

比如:

管经理让小文准备一下A计划的材料,并打印好交给他,下午会议要用。小文很快就完成了领导需要的资料,来到管经理办公室,结果却发现领导人不在办公室,于是,小文就将资料放在领导的办公室桌上了。

请问小文的工作结束了吗?

没有!这个时候,小文应该跟领导汇报一下:"领导,资料打印好了,放在您桌上了,一会儿您看看,是否需要再核实一下内容。"这样一来,就等于给领导那里留了个便签,提醒领导,资料做好了,放在他桌上了,别忘了看,要是有什么需要修改的,告知我来修正。这样一个贴心的提示,能够让自己做事更稳妥,领导也更为安心。

"事毕回复"这个简单的方式是非常有必要的,避免因自己没有及时提醒,而引来不必要的工作损失和领导的责备,比如:

"你放桌上怎么没告诉我?"

"你怎么不当面交给我?"

"我忘了,你怎么不跟我说一下?"

理解职场规则，才能掌握工作主动性

管经理和小文是共事多年的上下级关系。管经理性子直，说话也快，行事干练。而小文做事较拖拉，一分钟的事情都能磨蹭半天。一天，管经理从外面赶回来处理一份合同，想尽快盖完章快递出去，可是却发现印泥不见了。于是他就喊来小文，让他去隔壁的部门借一个印泥。

小文一听，就赶紧去借了。可是管经理左等右等就是不见小文回来，心想：来回也不过是100米的距离，怎么还不回来！正打算亲自去拿的时候，小文回来了。

管经理一看见小文，着急地大声一吼："你干什么去了？印泥呢？"小文一听经理生气了，赶紧解释："管经理啊，不是我不想快点回来，是遇上王总那边的人，不小心把盆栽弄倒了，让我帮他扶一下……"话还没说完，就被管经理打断了："我要的印泥呢？"

为什么管经理会这么生气？是因为小文回来晚了！也是因为小文没有及时借来印泥。

还有另外一种可能：

小文回来晚了，管经理生气了，小文一看不对，赶紧递上印泥说："经理，印泥我借来了。"可是管经理仍然大声一吼："你干什么去了？你做事怎么这么随意，不知道我在等你吗？你说你……"

怎么管经理又生气了呢？

前后两种态度都说明了，两人的说话行事都不在一个频道上。小文的解释，不是管经理需要的解释；当管经理想听解释的时候，小文想先交付任务结果。两人的重点都不在一个频道上，所以说话和行事上便会出现不同步，不交轨的思路怎么会有共鸣，当然也就完全没有默契可言了！

这种情况会不会有点为难人，左也不是，右也不是，这不是为难人吗？

其实仔细想一下，两个人的多年相处，小文要是有心避免这种现象的冲突，能避免吗？

当然可以！

主动留意工作中领导的行事习惯，用契合的方式配合工作。在多年的工作磨合下，彼此之间都有一定的熟悉度了，对各自的处事模式也有一定的了解。所以，如果有心是能避免的，因为过程就是在日常的工作中磨合。不管前后举例的结果如何，要想让领导安心，就可以通过主动的工作磨合，来把控跟领导之间的工作契合点。

在职场上，有能力的你是桀骜不驯还是顺应潮流，取决于你对规则的理解和敬意。

在职场，被辞退或被重用，从来都不是单一地看能力，更重要的是对工作意识的主动性把控，要做到以下四点：

一、懂得尊重和服从

团队中的每个人都是各司其职，发挥出个人的价值，领导的责任是维护团队的

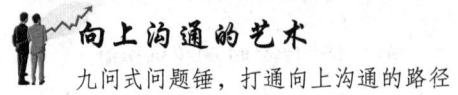

稳定和格局，需要团队中每个人的尊重建立办公秩序。

二、为进步而努力

职场上有些朋友无意识地站在领导的对立面，越是不想进步就越表现出不想跟领导建立和谐关系。但是领导的上层基础是高于下属的，也可以说他的人脉资源以及工作经验决定了他的过人之处，所以也就有更高效的工作方法。与领导的关系远了，就不能与领导进行良性沟通，因此要主动与领导沟通，找到与其工作的最佳相处模式并为之努力。

三、培养对额外工作的责任感

有一个木匠的故事：

即将退休的老木匠，被老板要求他最后再建一座房子。老木匠勉强答应了，但是告老还乡之心已经收不回的老木匠，根本没有把心思放在建房子上，用料不如以前严格，做出的活也不如以往的水准。

交工的那一天，老板把钥匙交给了老木匠说："这是我送给你最后的礼物。"老木匠愣住了。领导安排的额外工作，只要是自己能接受的范围，就不要轻易地拒绝，很可能是给自己加分的好机会。把握每一次机会，这有利于职业发展。虽然是领导额外布置的工作任务，要么事出紧急，要么出于对你的认同，如果只想着这不是我该做的，我已经下班了，明知可做而不去做，显然会丢失掉一个领导给予加分的机会。

四、秉持认真的态度，诚实工作的原则

在职场中，优秀的工作能力能让你很快脱颖而出。但能力也只是职场基础需要，而好的人品才能够使我们的职业生涯走得更远。

工作认真，做事诚实，直接决定员工的责任心和领导的信赖度。面对工作中的失误，一定不要鲁莽行事或消极应对，多想想你的处理方式是否正确，是否可以得到领导的认可。

有一次领导给我们部门一份资料，征求我们的看法和意见，我们很快回复了，大多是没有意见！可以说有很多人都有这样的经验，并不是真的没有意见，而是出于各种原因，选择沉默对待。其实，这种形态就是事不关己的消极态度，缺乏工作主动的积极性。

从接到工作任务开始的意图了解，到任务结束前的汇报，再到任务结束后的总结，以及从意识到行动的表现，都是展现自己的机会。**因此提出九问式第三锤：when（什么时候）对应的习惯——"主动工作"的习惯，这是第3个职场沟通的修炼。**

总结第三锤："主动工作"的习惯运用

1. 用主动积极的心态去工作，不要让领导来叮嘱吩咐；

2. 接受领导工作时，用不同的角度去确认领导的意图，避免与他的目的相悖；

3. 任务执行前，要主动去跟领导报告自己的想法，请他帮忙审核一下计划的可行性；

4. 任务执行中，无论有没有问题都要时常跟领导汇报进展，让他安心，并及时调整工作方向；

5. 任务结束后要及时回复,工作的结果也要让领导知道;

6. 要主动配合领导的工作要求,急他所需,增加彼此的默契度和信任度;

7. 职场规则要理解,并把握工作主动性,端正态度,增加自己被重用的机会。

第四锤 该跟谁沟通（who）

沟通中"回复确认"的习惯

目的： 职场中，做到对事确认、对人确认是确保工作进度顺利，不偏离领导任务意图的有效方法。

场景4

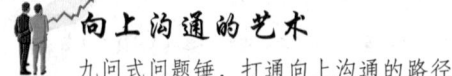

这天上午,管经理将公司A计划执行的人员名单交给小文,并交代小文,这份名单我还没有最后确认,有些人还要面谈一下,你按照名单先帮我把档案调出来,注意保密!没想到,下午管经理的领导王总过来了,跟小文说:

"A计划的执行人员名单是不是在你这里?"

"是啊,管经理让我先建档。"小文回答道。

王总便伸手跟小文说:"嗯,我知道,你把名单给我看看,我先了解一下。"

小文稍做犹豫后,还是把名单给了王总。结果快下班前,管经理怒气冲冲地回来了,严厉地斥责小文:"你怎么把名单给王总看了,我不是说了要保密吗?人员还没最终确定!怎么都不跟我确认一下就给出去了?这次计划要是有变动,后果你承担?"

场景4的分析:从结果来看,管经理生气小文为什么将资料给到王总,并且没有告知自己。显然这个名单,管经理是不希望王总看到的。

再换位想想这二位内心想法,来挖掘一下这个案例的本质原因。管经理是不是有这样的想法:我跟你说过,这份名单是保密的,不能给别人看,你把我话当成耳边风吗?

但小文也有自己的难处:我知道名单要保密,我也犹豫啊,可是人家是王总啊,那是我领导的领导啊,我怎么敢拒绝呢?

这是个越级操作的情境,从两个人的角度不难发现,小文没有按照领导的指示做到保密工作。领导来问责小文也是正常反应,问题的关键是,领导的领导来要名单,小文给了名单,管经理要骂,可不给王总也是为难。

第四锤 该跟谁沟通（who）

遇到这样的事情怎么办？

对应的办法就关系到沟通中要有确认的意识习惯，也就是要按领导指示，确认事情的信息执行是否正确，比如，领导说了的事，不管谁来、要做什么，都要先跟领导做个确认。

越级命令要跟直属领导确认

在越级命令中，来得及就去请示，来不及也要告知领导，以确认事态的发展和领导的态度。

有必要说一下的是，在我们入职的时候，人事部门都会给我们看员工手册，了解公司的组织架构，比如"谁"是我们"直属领导"，我们必须清楚地知道。因为这个人是对我们工作进行管理和监督的人。

除非我们去创业做独立经营人，否则，进入职场就要有规矩。没有规矩不成方圆，我们要严格遵守的职场上下级秩序。像案例中这样的越级问题，谁遇上都很令人头疼，处理不好就会导致跟直属领导的工作关系恶化。

场景4中小文的解决办法应该是，去跟管经理确认一下是否可以将名单给到王总。要是来不及呢？有两种应对方式：

方式一：

小文将名单给了王总之后，及时跟管经理报告一下，让他有个准备，管经理就不会那么被动，即使名单有问题也可以及时去补救。不论给资料的行为是否管经理认可的，至少会比领导不知道的结果要好。

这种方法是在做事上确认并控制事态的发展。

第四锤 该跟谁沟通（who）

方式二：

小文用委婉的方式告知王总，自己不能将名单给他。然后及时向管经理报告此事，让他有个心理准备，这样也给自己加个保险。"领导，王总来要名单了，我没有给，怕王总心理有想法，您看是否需要跟王总解释一下？"让管经理知晓此事，将处理的结果转接到他那里去决断，这样责任也同时转接了。

这是在确认领导对下属做法的认同性，并设法取得他的理解和信任。

另外，还要明确一下事件的关系人。

有直接关系的人：

管经理是小文的直属领导，是他指派名单任务的。小文的直接汇报对象应该是管经理。管经理就是那个需要被告知的人，不管给或不给，都需要跟管经理告知一下事情的发展，这是在跟事件有直接关系的人确认工作信息。所以在接受越级工作的任务时，一定要先确认自己的直属领导是谁。

它的好处是，跟知情人同步信息，分担后期的工作压力。

跟事件没有直接没关系的人：

按职场规则，下属的日常工作仅需向他的直属领导汇报即可。遇到越级工作时，特殊情况下，为求工作效率，选择当下影响力较小的方式，是可以接受越级任务的。王总跟小文的任务没有直接关系。小文的汇报对象是管经理。在这个案例中，小文是不需要纠结给不给的，只要选择对自己影响较小的方式处理就行。

这样做的好处是：确保工作有效性的同时，既得到直属领导的理解，又维护了跟领导层级之间的关系，预防因自己的原因让事态更恶化。

一般来说，接受越级指挥都是事出突然，但是如果形成一种习惯就会对工作有影响。如增加下属额外的工作负担，破坏企业内部的平衡；影响到下属的岗位职责，会引起直属上司或同事间不必要的冲突和误会；恶化上下级关系的相处等。

所以接受越级任务时，安全做法就是要养成对事确认、对人确认的习惯，并要有跟直属领导汇报工作的意识。

学会委婉拒绝超负荷工作

是不是领导指示的所有工作，我们都要遵循照做？要是领导的指示超出自己的能力范围，超出自己的负荷，或者我们确定预计时间内完不成，该怎么办呢？

你会不会这样说：

"好的，我会尽快完成的。"

"行，没问题，一会儿我就去。"

"哦，是，可以的。"

这个时候打肿脸充胖子的感觉如何？内心一团混乱！接下来就忙忙忙，感觉暗无天日吧？想想这样的你，确定要继续下去吗？或是确定完成的是领导满意的吗？

很多职场新人或支持型性格的朋友，面对领导安排的超额工作量，不敢当面沟通，或者即便沟通，在领导看来也是"喊苦、喊难"的表现，最后只能硬着头皮把工作做完。这样下去的结果就是，继续等待领导再次"重用"的工作量。

领导的不断加码，周而复始的超负荷工作，会让你表面上很忙，但实际上工作质量差不说，还常常因此返工。这样不仅会令领导质疑你的工作能力，你自己也会透支身体，产生负情绪，实在是得不偿失！因此，如何拒绝领导超负荷工作就有必要了。

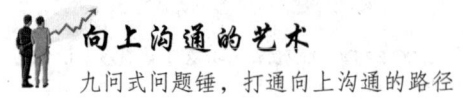

向上沟通的艺术
九问式问题锤,打通向上沟通的路径

正常情况下接受领导的任务安排,应该是有执行标准的,没有标准的执行就没了效率。看个例子:

管经理最近忙着跟B公司竞标A公司的年度订单。小文作为下属,也常常跟着加班到很晚,但真的想可以好好休息一下,养养精神。这天,管经理找来小文,吩咐她:"小文,明天下午一点之前,帮我整合一下这些资料,按照上次的模板,做三份不同的报价方案出来!"

小文一听愣住了,她明天邀约了拜访A公司的销售经理,下午公司呈报会议也不能缺席,除非牺牲睡眠时间,否则肯定来不及完成。她想是这么想的,但并没有拒绝,而是选择了接受。

第二天,小文还是赶出计划书交给了管经理。没想到的是,路上接到管经理的来电:"你怎么回事啊,报价数字怎么都少了一个零,怎么能犯这么低级的错误?我要是没看到,公司的损失你负责吗?"小文觉得很委屈,自己做得很辛苦了,也是仔细核对过的,真的没想到会出现失误。

小文最大的问题,是明明你不会,或是工作任务太多了,却不说。有时候领导为了效率,就会不停地给下属加码布置工作。如果这个时候有看法有意见也不说,坚决执行,领导说啥我就干啥,只会让自己更累。心里有了想法,做事不情愿,精神不济,容易误工返工,做出来的质量也不让领导满意,得不偿失。所以该拒绝的时候,我们就要拒绝。

当然拒绝也要注意方式方法,先说拒绝的原因,表明态度,不是我要拒绝工作,而是真的会耽误工作的效率和质量,然后让领导来帮我们做决定。

第四锤 该跟谁沟通（who）

比如：

小文："管经理，这个计划书很考验我的整合能力，不知道急不急，我目前手里还有事情没有完成，需要到后天才能空出时间。如果着急，您看是否可以先交给其他人接手？"

小文："管经理，这个计划书很重要吧？我怕耽误您的事情。最近的工作频率太大，以我目前来说，我可能没有精力和时间。您看要不要做另外的安排……"

说清事实，把状态说清楚，将决断交给对方，以对方的立场，婉转地说出我们的难处，以及会出现的不良后果，让他来决策。毕竟结果他是需要承担责任的，他一定会考虑的。

如果你不表态，一味地超负荷工作。领导也未必会知道你目前的状况，只认为做好了是应该的。你的死撑，能撑几次？做不好一万个不是都是你的，谁让你不早说呢？说不定，这是你的能力问题，领导会这样想。

所以有时候巧妙地拒绝超负荷工作，确认自己完不成，也是对领导的一种负责。接了做不好、完不成，也是耽误事这是不应该有的情况。一旦有了这样的惯例，后果不是自己选择离开，便是企业选择让你离开。

在这里不能否认，有些职场现象无法避免，比如很多新入职的朋友也会抱怨：

因为自己初入公司，没有拒绝的余地，有些前辈给自己强加很多分外工作，弄得自己焦头烂额。还有些前辈偷懒将自己任务中烦琐又不讨巧的工作交给职场新人来做，自己每天游手好闲、无所事事。

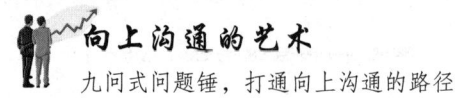

如果这些现象没有发生在你身上,你是否会感觉很幸运?可要是真的遇上了呢?不妨思考一下,在找工作之前相信你已经做了很多的思量,自己适合什么、不适合什么,选择这份工作时就已经做好了准备。不管什么环境下,你最重视的是什么?如果别人让你帮忙做的事情,你感兴趣或对你的能力提升有帮助,在有时间的情况下,何乐而不为呢?

有时候,一次额外工作 = 一次学习 + 一次机遇。

自我角色的确认：如何管理好自己

员工的角色认知是一个企业文化体系建立的基础，也决定了上下级关系的工作态度，对领导不同的主观态度产生了不同的执行效应。

我在收集资料时，看到有一项调查表明，企业普遍存在以下现象：

5%的人看不出来是在工作，而是在制造矛盾，无事必生非＝破坏性地干

10%的人正在等待着什么＝不想干

20%的人为增加库存而工作＝蛮干、盲干

10%的人由于没有对公司做出贡献＝负效劳动

40%的人正在按照低标准或方法工作＝低效劳动

而只有15%的人属于正常范围，但绩效仍然不高＝都干不好

结合职场现象，大家有这几种心态：

认为自己就是对的，谁也不如自己，听不进意见；

付出的多，得到的少；

不是我的问题，这是大环境影响；

做好自己一亩三分地就好了；

说一句动一下；

……

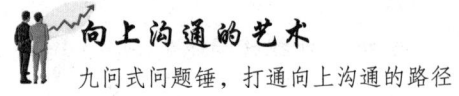

很显然,以上问题是出自员工自我管理的不足,缺乏对下属的角色认知。领导或是企业面对这样的团队,会通过各种方式如培训、激励、心理疏导等,树立正确的工作观,来加强员工在职场的自我管理,提升职业化的角色认知,但在主观的能动性上,确认自己的不足之处后,可以从三方面来管理自己的工作意识:

一、将消极变为积极性的方法

把"我没有办法了"转换为"试试看还有没有其他的办法";

把"我就是这样一个人"转换为"其实我还有其他的做事风格";

把"我很生气"转换为"我可以控制我的脾气";

把"领导不会同意的"转换为"我有更有效的表达方式";

把"我是不得已的"转换为"我能选择更适合的回应";

把"我不能"转换为"我可以";

把"我实在是"转换为"我打算这样做";

把"我很难做到"转换为"我一定努力去完成"。

二、将执行力做到有效率的转变

对领导下达的工作指令,做到全力以赴,一一计划;

对领导下达的工作指令,要有钻研精神;

对领导下达的工作指令,要注重每个环节,做到专注、专心,步步落实;

对领导下达的工作指令,要从人到事、从事到人的完成,做到满意理念,人事顾全。

三、从做到变的三原则

闭环原则:对领导的工作指示,要有始有终,这样的思维方式能够提升工作执行力。

分析比较的原则:领导安排的工作完成之后,反思有没有失误的?有没有需

第四锤 该跟谁沟通（who）

要改善的？较之前我是否有了进步和改善？提醒自己，我可以犯错，但错的价值是不再犯错。

不断优化的原则：了解自己的弱项、自己最不擅长的是什么。比如：如果行动上不够果敢，错失良机，就努力训练自己面对问题，解决问题的勇气；如果性格上容易妥协，被忽略主张，就训练自己坚持。

相信自己，活在当下，"作为员工"的职场角色就是成为领导心目中的"优秀员工"，如何成为一名优秀员工是当下职位角色要求的。

职场的角度，尊重领导：人际关系中，礼遇他人是我国的传统文化，做一个彬彬有礼之人。

职位的角度，遵从领导：不在其位，不谋其政。领导者与被领导者的分工不同，都是各司其职。

能力的角度，支持领导：表里如一，不损害领导形象，不挑战领导权威，不随意顶撞领导。

做事的角度，听从领导：尽到分内职责，说真话，报实情，不巧言令色，不阳奉阴违。

经验的角度，请教领导：遇事多向领导请教，做一个求知欲强的下属。虚心好学是纵横职场的法宝。

接受的角度，把握领导：端正态度，重视不轻视，积极不消极，严谨细致，关注细节，用心用力把握好自己的角色。

"用心+耐心"是领导欣赏的确认表现

职场关系中,"用心+耐心"是在为人处事上令领导欣赏的一个重要表现。跟领导之间的相处还包含智慧、热情、想象和创造力。

很多朋友怀揣梦想,进入职场,但在面对职场难题之后,现实的工作会让他们在对待职场上下级关系的处理上,有艰辛、苦恼,甚至会产生放弃的念头,经常在梦想与现实之间徘徊。但是一旦用实际的行动从困惑中走出来,渐渐地去学会怎么跟领导沟通相处,就会意识到用"用心+耐心"去完成领导工作,用"用心+耐心"去与领导进行工作沟通,不仅是实现梦想的正确方法,也是领导欣赏的一个重要特质。

我们可以从6个方面进行实践:

一、时间上"耐心+用心"的确认表现

用足够的时间去做好领导安排的事情。很多时候由于时间不够,我们总是草草了事。例如,我们需要做一个计划书,那么就要减少自己业余的时间,留尽量多的时间来完成资料收集。在有效时间的规划下,在保证质量的同时,我们仍然可以顺利地完成领导的工作任务。这就是时间上的安排。

二、心理上"耐心+用心"的确认表现

当我们工作中面对困难和挫折时,花费的时间过久,耐心就会被磨光,脾气也会变得暴躁。而这个时候的状态跟领导沟通,结果通常是不好的。此时,不妨选择用点心思，先转换一下心情，给自己一些心理暗示：

没关系，我已经用心地做了，再多一点耐心就可以了！

我可以的，沉住气，再仔细一点，能行的。

积极性的一面会让我们朝着正确的方向想问题，比如"这种状态的转变领导会看到的，也会赞许的"，这样的思考会不会让我们轻松地面对问题。

三、文化修养上"耐心＋用心"的确认表现

人有不同的生长环境和不同的经历，解决问题的方法也就不同。很多人没有耐心，经常从一种想法跳跃到另一种想法，就像小猫钓鱼一样三心二意。这样会对工作有很大的影响。只有寻找能够让自己重新全身心地投入工作的支点，你的意志力重新发挥作用。比如：做些跟工作无关的兴趣培养提升做事耐力和细心。做人做事可以从琴棋书画诗酒花茶八大雅事中培养心性，每一个都需要有耐心和用心的修炼才能习得。

善琴者，更加通达从容；善棋者，更加筹谋睿智；善书者，更加至情至性；善画者，更加至善至美；善诗者，更加韵至心声；善酒者，更加情逢知己；善花者，更加品性怡然；善茶者，更加陶冶情操。

四、运动上"耐心＋用心"的确认表现

运动可以培养一个人的耐力素质，有助于高效完成领导交付的工作任务。

什么是耐力？耐力即人对紧张体力活动的耐久能力，是人体长时间持续肌肉工作的能力，即对抗疲劳的能力。

发展耐力素质的途径，可以通过增强肌肉力量，提高肌肉耐力来训练，如：走、跑、跳绳、爬山、游泳、滑冰等各种运动方式，都是提高耐力素质的方式。

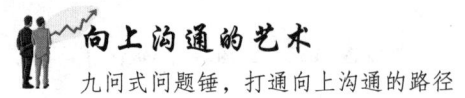

长时间的坚持也会让自己的心回归平静。当回归工作时,也会积极地面对职场困境。当然运动是从生理上和心理上的素质提升,并非一朝一夕可行,一定要坚持下去!

五、态度上的"耐心+用心"确认表现

工作中,难免会出现各方面的压力,产生不平的情绪,从而导致对待工作的表现不同。如果我们在做每件事情的时候都抱着一种认真的态度去做,细心一点,尽量确保不会出错,那这件事情一定会做好。

而这些态度,归类为工作责任、工作激情、感恩工作、清醒工作。

工作责任:

责任感是一个人的思想素质、精神境界和职业道德的综合反映。虽然无形无状、难触难摸,但是力量巨大,影响深远。一个人有责任感,就有积极主动的态度,就有不甘落后的志气、百折不挠的勇气和奋力开拓的锐气;就会有信心、有决心、有恒心;就可以出思路、出办法、出成绩。大多数人的工作都是平凡、具体且琐碎的,看似简单而容易,但把简单的事情年复一年地都做好,就是不简单;把认为容易的事一件一件地落实好,就是不容易的。这就需要责任感,有责任感的人受人尊重、招领导喜欢、让领导放心。

工作激情:

激情是工作的动力。没有动力,工作就难以有起色。如果缺乏激情,拖沓懒散,很可能一事无成。因此,我们要明白辛苦是收获的前提之一,特别是一个人能够在自己有限的生命中,有好的环境和条件,做具体的事情,同时也相应地提高自己,也许这就不是辛苦而是幸运了。要是我们畅想一下,跟领导能同心同德、尽心尽力,把工作开展得有板有眼、有声有色,让人有目共睹,有口皆碑。从这一角度看,也许不仅仅是幸运,而是一种幸福了。你觉得呢?

感恩工作:

个人认为,同样是工作,何不想得好一点?毕竟保持正确的心态至关重要。正如一位哲人所说,心态决定一切。它能够左右一个人的思想、影响一个人的行为,甚至改变一个人的命运。心态正确,职场关系就不容易发生矛盾,就会迸发出干劲和活力,感到工作愉悦。如果心态不好,人就会在顺利时自以为是、傲气十足、得意忘形,在逆境时怨天尤人、牢骚满腹、烦躁不安。学会以感激的心态对待工作、对待他人,就有如生活中的一面镜子,你对它笑,它也会对你笑。只要你用感恩的态度对待别人,别人就能给你关心和帮助,给你支持和鼓励,给你提醒和教导,是或不是,放下、放开自己,从这个角度去想一想,或许你会豁然开朗。

清醒工作:

实践经验表明,只有始终保持头脑清醒的人,才能不断取得成绩、获得成功,才能顺利成长。在下属与领导的关系上,下属的成长和进步离不开领导的培养和造就;在职务与能力的关系上,下属的工作能力是随着职务的提升而自然提高。

六、意志上的"耐心+用心"的确认表现

意志力是人格中的重要组成因素,对人的一生有重大影响。人们要获得成功必须以意志力作保证。早在2400多年前,孟子就说过:"天将降大任于斯人也,必先苦其心志,劳其筋骨,饿其体肤,空乏其身,行拂乱其所为,所以动心忍性，曾益其所不能。"这段话生动地说明了意志力的重要性。要想实现自己的理想，达到自己的目的，需要坚强的意志、勇敢顽强的精神，克服前进道路上的一切困难。

内外沟通方式的状态确认

不论是对内还是对外的沟通，在不同的工作状态下，选择不同的方式，是职场工作中灵活的工作方式。先说做事的方式，电话、信函、邮件、传真、工作微信群等方式用在日常沟通；紧急的事，不好的事用电话或面谈的方式，这是慎重对待；感谢、道歉、重要的事用面谈的方式，这是诚意；技术性强、内容复杂的事，用"双+"方式，如"微信+电话"，有利于说清事情。

再说做人的方式。事实上，同样一种方法，对不同的人会有不一样的效果。经验固然重要，但如果一味地效仿别人，模仿别人的做事方法，很难会有属于自己的一片天地。因此，要肯定自己，扮演好自己，不盲目羡慕别人的成功别人的机遇，找到属于自己的工作方式。每个人都是独一无二的个体，同样的环境，同样的机遇也会有不同的处理方式。

想一想，为什么有的人很快地晋升，而同样入职的自己却是原地踏步，所以在碰到问题时，问一问自己，我要怎么做，我能怎么做，这样才能准确地完成目标。

正确做事的注意事项

正确做事是做适合自己的、可行性强的、容易成功的事情。只要方向没错,就会事半功倍;方向要是错了,再多的努力也是无用功。很多人都会想,做什么事情,只要尽力就好。可你有没有想过,怎样才能把这件事做得更好。所以,做正确的事,要找对方法。这里有两个点需要了解。

一、确认领导是不是你的职场导师

有人说,读万卷书不如行万里路;行万里路不如阅人无数;阅人无数不如名师点悟。这样说,有一定道理。从中可见,老师的帮助是非常重要的。换个角度,职场如课堂,虽然不能确定每一位领导都能成为我们的职场导师,但也有办法去确认,他是否能成为我们的职场导师。

这个办法就是:去思考一下未来的发展方向是什么?遵循这个方向,判断下领导是否可以帮助你实现工作的期望?评定可以参考以下几点:

1. 职场阅历 5 年以上的;

2. 人脉资源广的;

3. 管理经验丰富的;

4. 被众多同事信服的。

如果领导不符合以上4点，我们也不要轻易放弃，想想当初进入公司的雄心壮志或目标，把领导当成合作伙伴的关系，然后去培养良好的信赖关系，把他当成工作中可以共同进退的团队伙伴。不论领导是否你心目中的导师，对方都是我们的直属上司，我们要做好自己的角色定位。不管怎样，一个企业没有团队，是干不成事的，所以把领导作为团队的合作伙伴来看待，从工作的配合度和任务的接受度上来说，沟通起来会更为顺畅。

二、确认事情结果，有没有准备好

要想做正确的事，最好要先分析一下事情的结果，知道结果后再想想策略。

比如：

小文该不该将名单给到王总，这是不是件正确的事？如果选择做正确的事，就要想到给出去之后怎么跟管经理交待："管经理，王总来要名单了，跟他说明过名单的保密性，但王总坚持，我没办法只好交给他，这个事，跟您汇报一下！"

这是正确做事。如果不给，就这么跟王总说：

"王总，管经理还没有最终确定，要不等管经理这边确定了，再给您看？"

这也是做正确事的方法，而不是给或不给之后的不作为，只是给了自己一个理由"领导的领导啊，我能怎么办"。

这也就当前的一件事，需要小文费神，要是她面前同时进行一件事、两件事、三件事，太多事情的工作很容易忙中出错。有些事情可以不问，有些事情不得不问。有句话叫"凡事预则立，不预则废；言前定，则不跲；事前定，则不困；行前定，则不疚；道前定，则不穷"。就是说任何事情，事前有准备就可以成功，没有准备就要失败；说话先有准备，就不会辞穷理屈站不住脚；做事先有准备就不会遇到困难挫折就轻易放弃；行事前计划先有定夺，就不会发生太大的错误；

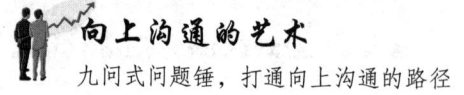

九问式问题锤,打通向上沟通的路径

道路先规划好,就不会迷失方向。

总之,一个人要明确自己的方向,懂得如何安排自己的工作,合理地制订工作进度,才能高效地办事,出色地完成工作。

如何确认领导安排的工作是否完成

两个讲究：一是与领导的要求要吻合；二是对工作的完成结果要确认。

一、确认完成的工作与领导的要求是否吻合

举例：同事小张看见小文从管经理办公室里出来，脸色不太好，就上前询问："小文，怎么啦，是不是管经理说你了？跟我说说，看看能不能帮帮你。"

小文看了看小张，一脸的无奈："唉，管经理让我把销售部今年的季度销售额和去年的数据一起做成PPT，他要给王总做呈报，谁知道一个PPT让我跑了好几趟，这不，还是不行啊！"

"怎么会这样，我不是给过你模板吗？你照做就好了呀！"小张也觉得奇怪。

"是啊，我倒霉嘛，你给我的是采购部的物料模板，我没有看清楚，抬头忘记改了。"

"啊，我不是跟你说过'记得要改'吗？真是的！"小张无语了，都已经告诫了还做错了！

小文也很后悔，继续道："是啊，我也不知道怎么会忘了，可是，我改好后，又被退了回来。"

"啊，这次又是什么原因啊？"

"销售部的销售名次，我没有按照格式来做。管经理觉得乱，让我重做了。"

"嗯，管经理对这方面要求很高的，你仔细点，下次注意一下，没事！"小张只好安慰小文，可是看着小文欲言又止的样子，肯定又有问题发生了，"你不会还有第三次被管经理逮着了吧？"

小文点点头，有些沮丧地说："嗯，就是这次，管经理太仔细了，我把一个数字的小数点写错了，也被他纠了出来。"

"我的天，数据出现小数点的错误，可不是小事！"小张看着小文也无语了。因为小张做事严谨，小文便请小张帮她把第四次的交付做个审查，才终于完成管经理交代的工作。

出现工作失误的原因：一是粗心，不够仔细，几次的失误没有引起小文的重视；二是对领导的工作需求没有把握好，领导对细节是有要求的。

归纳起来，下属在完成领导交代的工作时，不管是格式的统一、内容的完整，还是完成的时效，都需要确认好是否吻合领导的思路。

二、对工作的完成结果要确认

工作结束的确认跟主动性习惯中第三时间节点的回复确认有相同效应，我还是举个例子补充一下确认和回复的重要性吧。

小文终于辛苦地完成了管经理交派的任务，用邮件的方式发给了领导。小文怕管经理忘记了，还特地在微信里提示了一下他："管经理，关于A公司拜访时的会谈记录，已经发到您邮箱了，请查收！"接下来，小文就继续其他的工作了。

没有想到的是，一段时间以后，突然接到管经理的电话：

"小文，上次去A公司拜访时让你记录的文档，你怎么还没有给我？"

"啊，这个，好久了，我想想……哦，半个月前我就发邮件给您了啊！"小文想起来了，赶紧说明一下。

"我怎么没看到，你确定？"管经理有点不太相信小文的话。

"我确定啊，您要不再检查一下邮箱！我还发微信提醒您了呀！"小文坚持称自己是将拜访记录用邮件发给管经理了。

"我没那时间去查，现在急用，你找出来再发我一次，下次记得要跟我确认，不然我是不知道的。"

说完就挂断电话了，可是小文觉得很委屈，明明她已经发给领导了，也发了微信提示，领导忘了怎么能怪她呢？

看完这个案例，大家是不是觉得小文挺委屈的？该做的都做了，领导没有看见不应该是她的责任。但领导是这么认为的吗？不会，他很忙！哪怕你真发了，只要他没注意到，也是你的责任。

也会有人觉得管经理没有重视别人的劳动成果。小文做到了该做的。其实，案例都是真实发生的，既然是存在的，它就有一定的问题。问题在于：下属在跟领导交付工作结果时，有个障碍就是没有跟领导做确认的回复工作。

下属都忽略了一个问题，在工作结束后汇报给领导，领导那里的情况下属是不知道的。他没有回复就不能表明这个工作的结束。因为下属不知道他为什么不回复，有可能他对这个结果不满意不想回复，也有可能他没有时间。下属不能自己就下定论，认为这个工作结束了，比如，当他说：

"好的，可以了，你辛苦了"；

"这个文档有点问题，你需要……"；

"按照内容，你再帮我……"

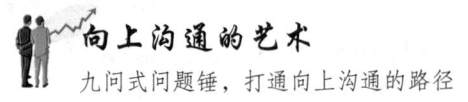

如此得到领导的回复,才能确定这个工作是否结束。如果还需继续,便按照他的指示准备另一个工作的开始!

跟领导的工作结果确认,一定要得到领导的回复确认,才算完成!

我们看过,在银行存取款时,在重要事件的承诺时,都要用"确认"键或有确认意识的环节,因为这个动作,可以让我们获益良多,少走弯路,节省时间与费用,提高效率。遵守规矩,形成良好的工作习惯,有利于确认意识的形成,减少失误。可以说,确认的习惯让职场人士多出成绩少出事,成为领导心目中最认真的一名员工。**因此提出九问式第四锤:who(该跟谁)对应的习惯——"回复确认"的习惯**,是这里提出的第4个职场沟通的修炼。

总结第四锤:"回复确认"的习惯运用

1. 确认自己的直属上司:找到自己工作的责任人,利于明确以后的行事准则;

2. 正确地做事:容易瞄准方向,直达目标,减少偏差;

3. 委婉拒绝超负荷工作:不因超负荷给自己增加压力,给领导增加难度;

4. 确认自己的不足之处,"耐心+用心"地工作,获得领导的欣赏;

5. 内外沟通状态的确认,选择适合的方式完成工作,提高效率;

6. 工作中,做好准备的确认,是为出色地完成工作打好基础;

7. 确认领导的回复才是工作的完成,也是另一个新指令的开始。

第五锤 重点在哪里（where）

沟通中"留意细节"的习惯

目的：了解"留意细节"的重要性，了解领导的性格对应，调整自己的不良行为，及时修正跟领导之间错误的相处方式。

场景5

小文在客户A那里取得合作意向后，很兴奋，第一时间打电话跟管经理报告这个好消息："管经理，跟您汇报个事，关于A公司这边的上次提议，我今天特地去拜访了，您不知道他有多难沟通，一开始就放了很多"烟幕弹"，其实他是满意我们产品的，后来又开始跟我提条件，最后被我……"

话还没有说完，便被管经理无情地打断了："说重点！我要知道的是结果。"

场景5的分析：很明显，小文说话不经思考，也不管是不是管经理要听的，便一股脑把自己想说的全说给领导听,结果领导打断了他,因为领导要听的是结果。

管经理会想:"这个小文,啰唆一大堆,也不管我现在忙什么?过来就为了说些不着边的话?"

从领导的想法中可以看出,管经理听到的是一堆不知所谓的表述,所以不耐烦了;也有可能是性格使然,觉得小文说话没有头绪,浪费他的时间;又或许是他急于知道结果,但是小文却没有满足他的内容需求,所以不满意了。不管是哪一个角度的考量,小文都没有留意到这些细节,也就没有办法把握到领导的需求重点。小文要告知的事本来是一件好事,却因沟通问题而造成了较差的沟通氛围。

这个问题的应对方式是,平时跟领导沟通的时候多注意一下对方的应答细节和情绪,这会让我们的沟通更加高效。

接下来,就给各位锤开有关工作细节的注意问题。

细节的重要性

有个寓言：

一群老鼠开会，讨论怎样对付猫的袭击。一只被认为聪明的老鼠提出，给猫的脖子上挂一个铃铛。这样，猫行走的时候，铃铛就会响，听到铃声的老鼠不就可以及时跑掉了吗？大家都认为这是一个好主意。可是，由谁去给猫挂铃铛？怎样才能挂得上呢？这些细节问题却无从解决。于是，给猫挂铃铛这个事儿就成了鼠辈们的空话和笑谈。

同样的道理，职场不缺人才，缺的是对细节的执着。领导不缺下属，缺的是精细的要求。

20世纪80年代初，日本大阪有一家大型贸易公司，业务遍布世界各地。公司专门设有订票业务，为前来洽谈业务的人预定来往的火车票或飞机票。有一段时间，部门经常为德国一家公司的商务经理预订往来于东京和大阪之间的火车票。

商务经理发现，每次去大阪的时候，自己的座位总是在列车右边的窗口位置，而回来的时候，座位总是靠左边的窗口。有一次，经理洽谈完业务，无意中对大阪贸易公司的老总说起这件事情。老总觉得好奇，就带着德国经理来到订票部。

向上沟通的艺术

九问式问题锤，打通向上沟通的路径

负责订票的姑娘是这样解释的："您来大阪的时候，美丽的富士山在列车的右边；当您返回东京的时候，美丽的富士山则在您的左边。我想，您应该很愿意欣赏富士山的景色。所以，每次订票的时候，就替您订了靠窗口的车票。"

这让德国经理非常感动，公司老总也大为震惊。从此，订票姑娘引起公司上层的重视，荣升为订票部主管。数年后，她成立了一家搬家公司，正是因为重视每个细节，公司成为日本最著名的搬家公司——阿特乔迁服务中心株式会社。当初那个女订票员，就是如今的日本女企业家寺田千代乃。

有这样一句话："认真做事只是把事情做对，用心做事才能把事情做好。"相应地，职场中跟领导的沟通细节不在于说什么，而是说领导需要的。

"沟通存在于细节中"。任何一个工作判断和执行效应，都要想到细节，重视细节。任何对细节的忽视，都可能导致沟通失效。就如场景5中，小文完全忽视了管经理的感受，只是要表达出自己的情绪，忽略了工作沟通中需要注意的表达细节——不说废话，"说清来意"后，要让领导先知道结果，满足领导对于沟通内容的掌控权。当小文满足自己情绪传递的时候，对方会感到困扰，一句话能说完的结果，为什么要兜那么一圈儿，我是闲得慌、花时间来听你讲吗？所以说，如果注重细节的话，会多思虑一层，要长话短说，先要告诉他事情的结果，让他安心。当然，这些说起来容易，做起来不是那么简单。此外，沟通细节的注意也是平时工作中各方面的积累，有从失败中，有从工作汇报中，也有从别人的经验等各个方面的留意和关注。把小事做透了，以小见大，方见成效！

时间上的"留意细节"

以下我是网上看到的关于一天的时间分布点,分享给大家:

在每天的各个时段中,有的时段工作效率较高,有的时段又感觉大脑灵活性稍差。如果你了解了自身的生物钟,依照身体节律进行工作和学习,恐怕效果就会不一样了。

6:00~8:00:机体休息完毕并进入兴奋状态,肝脏已将体内的毒素全部排净,头脑清醒,大脑记忆力强,此时进入第一次最佳记忆期。

8:00~9:00:神经兴奋,记忆仍保持最佳状态,心脏开足马力工作,精力旺盛,大脑具有严谨、周密的思考能力,可以安排难度大的攻坚内容。

10:00~11:00:身心处于积极状态,热情将持续到吃午饭,人体处于第一次最佳状态。此时是内向性格者创造力最旺盛的时刻,任何工作都能胜任,如果虚度实在可惜。

12:00:人体的全部精力都已调动起来。全身总动员,需进餐。此时对酒精仍敏感。如果午餐是一桌酒席,下午的工作会受到重大影响。

13:00~14:00:午饭后会精神困倦,白天第一阶段的兴奋期已过,精力消退,进入24小时周期中的第二个低潮阶段,此时的状态是反应迟缓,宜适当休息,最好午睡半小时到一小时。

15:00~16:00：身体重新改善，感觉器官尤其敏感，精神抖擞，试验表明，此时长期记忆的效果非常好，可以合理安排一些需"永久记忆"的内容记忆。工作能力逐渐恢复，是外向性格者分析和创造最旺盛的时刻，可以持续数小时。

17:00~18:00：工作效率更高，体力活动的体力和耐力是一天中的最高峰时期，试验显示，这段时间是完成复杂计算和消耗脑力的最好时期。

19:00~20:00：体内能量消耗，情绪不稳，应休息。

20:00~21:00：大脑又开始活跃，反应迅速，记忆力特别好。直到临睡前，这都是一天中最佳记忆的时期（也是最高效的）。

22:00~24:00：睡意降临，人体准备休息，细胞修复工作开始。

当然了，上述只是一般规律，具体到每个人的生物钟周期可能会有所差异。如果参考以上规律，有可能让我们在不同的时间调整自己的工作状态，会让我们的工作效率提高不少，随之而来的能力提升也是领导所希望看到的。

领导性格类型的"留意细节"

如果知道领导的性格类型,在跟其沟通的时候,我们就可以采取适当的对应措施,比如:

1. 满腹牢骚型

分析:这类领导心里如果有不满、压力等情绪没有发泄出来,就容易暴躁。

细节:耐心地听对方的牢骚,在适当的时候赞同他的意见,并在对方说话时,采取同理心保持一致的情感节奏,拉近距离,再找切入点进入谈话主题。

2. 喋喋不休型

分析:这类领导喜欢不停地说,大事小事,什么问题都反复说,反复强调,有时候甚至会跑题。

细节:面对这样的领导,我们应当要多予以更多尊重,尽量避免表现出不耐烦的样子,你对问题的看法是什么样的,就大胆说出来,赢得信任,提高领导对我们的信赖度。

3. 谨慎小心型

分析:我们听到谨慎小心型的领导分为三种:第一种,刚调来的,对业务还不熟悉,觉得我们有道理而采取附和型的;第二种,对我们的谈话不愿采纳或有自己的想法,选择敷衍想快点结束谈话过程的;第三种,是纯粹不想搭理

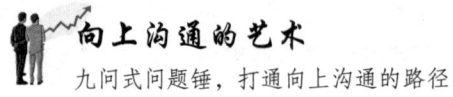

人的。

细节：先冷静分析，自己对面谈话的人是上述三种类型中的哪一种。对待第一种，我们要设身处地地站在他的角度想一想，以真诚的态度交流。如果我们的想法是对的，就要想办法得到他的赞成。对待第二种，不要一味地谈我们的话题，而是主动说些对方感兴趣的内容，慢慢地去引导他进入我们想要说的话题中。记住，话题是可以转化的，多试试更多的方法，不要觉得不行就放弃。对待第三种，确定是他个人的问题，我们就停止说服对方，不要就原来的话题继续下去了，给对方保留一个识趣的好印象，你不跟我谈，我就不继续打扰了，这样才能为下次的谈话奠定良好基础。

4. 咄咄逼人型

分析：这类领导大多数情况下气场强大，语言通常带有强烈的攻击性，说话不留余地，容易使人难堪，他是不管别人感受的，喜欢较真，一旦我们出现问题，就会紧抓不放，大有一战到底的架势。

细节：面对这类领导，我们要有充足的准备。首先，要做的是保持冷静，避开其锋芒，不要硬碰硬，死扛。思考一下，是否有一个可以打破僵局的办法，比如行为的介入——拉凳子、倒杯水等，靠近他，先打乱他的气场；其次，要了解对方的潜在想法，想想自己能否解答，如果不行，就闭嘴，这个时候聆听就尤为重要了，听他的建议，按他说的去做。

5. 沉默寡言型

分析：遇上这样的领导，我们就成了唱独角戏，不容易了解其到底在想什么，要做什么？谈话气氛很容易尴尬。

细节：面对这样的领导，我们要尽可能详细地、诚恳地向对方说明事情或者提问题，通过观察他的反应来了解他的想法，然后去采取相应的解决方式。

行为和感官上的"留意细节"

这里有三个细节的重点想跟各位聊聊,第一个是学会微笑;第二个是目光的注视;第三个是注意避免不必要的肢体语言。这几个小细节留意到了,能够让我们预估到领导的表达意向,以及跟领导对谈时的反应,从而减少出现对方有一搭没一搭的沟通现象。

一、学会微笑

微笑给人以真诚、自信的感觉,也是一个人最好的名片。俗话说相由心生,看到一个人微笑,我们会想到的是这个人态度很乐观,感觉很亲切。亲切温馨的微笑能够使人在交流中有一个轻松的氛围,可以消除由于陌生、紧张带来的障碍,从而缩短双方的距离。同时,微笑也显示出一个人的自信和从容,希望能够通过良好的交流达到预定目标的一个期望。

微笑,是女性最重要、最美丽的妆容。同时,也是男士良好修养的最佳体现。

微笑分为三种:一度微笑、二度微笑和三度微信。

1. 一度微笑

这种微笑适用于 5 米左右的距离,面部表情是笑不露齿,嘴角上扬,无须言语表现。因为你说了人家也听不到,即使听到了,声音也有点大,显得我们咋咋呼呼的。这种微笑给人以尊重又不谄媚的适度感,而且直觉上给人不虚伪、不造作的感觉。

2. 二度微笑

这种微笑的适用于3~5米，面部表情是唇部微张，上下显缝，即将开口表现。因为在这样距离下显得不贸然，你有事要汇报，有事找领导，让领导留意到你，准备好跟你沟通，有风度的领导对于你礼貌的示意，也会给予一定的回应，这是讲礼之人应有的举止。但如果发现领导真有急事，我们也不强求，下次再找机会。

3. 三度微笑

这种微笑适用于3米以内，面部表情是眉开眼笑，微露上齿，开口说话的表现。在这样的距离下沟通，领导听得见我们说话，也有了前期的准备，对我们的关注力会更高，也会表现出对于话题的兴趣："小文，什么事啊，这么开心！"

当然我们这讲的是一般正常交际中出现的微笑神态，不能以急事、坏事论之，而是从言行举止的礼貌出发点，彰显个人职场仪态。

当你对别人微笑的时候，全世界都会对你微笑。著名哲学家苏格拉底说过："在这个世界上，除了空气、水、阳光和微笑，我们还需要其他什么吗？"微笑的力量是伟大的，在跟领导的相处中，微笑也是拉近跟领导之间的距离，调节上下级关系的重要方式，也会让职场关系变得更加和谐。它可以传递一种心情、一种文明、一种积极的人生态度。职场中，没有领导会拒绝喜欢微笑的同事，因为工作中要的就是这种乐观向上的精神。

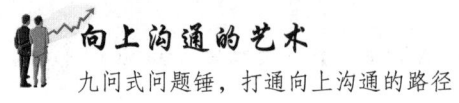

二、目光的注视

眼睛是心灵的窗户。在与人谈话时，大部分的时间（谈话时间的60%）应看着对方，代表着你尊重对方。如果你左顾右盼，就是不看人家，不就说明我们心虚吗？有事瞒着他吗？或是对谈话内容和谈话者本人都不感兴趣？由此可见，如果谈话时心不在焉、东张西望，或只是由于紧张、胆怯不敢正视对方，这种情况会造成无效沟通，哪怕再有理有据，再有利益导向，后期我们可能会用几倍甚至是更多倍的努力去取得对方的信任。

当然，说话时也不能紧盯着对方，这样会很奇怪。如果你预计和上司沟通的时间是60分钟，你注视对方的时间要达到40分钟左右，也就是沟通时间的2/3。可见，眼神交流的重要性。

眼睛是最富有表现力的一种"体态语"，它是人体传递信息最有效、最丰富的器官，可以表达语言难以道出的真情实感。

"在眼睛里，思想敞开或是关闭，放出光芒或是没落黑暗，静悬着如同落月，或者像忽闪的电光照亮了广阔的天空。那些自有生以来除了嘴唇的颤动之外没有语言的人，学会了眼睛的语言，这在表情上是无穷无尽的，像海一般的深沉，天空一般的清澈，黎明和黄昏，光明与阴影，都在自由嬉戏。"这是印度诗人泰戈尔说的。人由视觉感受到的信息占总信息的83%，由此可见眼睛的重要性。

注视的部位也很有讲究。分为三种，一种是远距离注视，一种是中距离注视，一种是近距离注视。

1. 远距离注视

这种距离注视适用于5米左右，眼神停留的部位在全身。因为你想聚焦脸部的哪个位置都会让人不舒服，可以试想一下，在那个距离之下的眼神有没有一种被人盯上的感觉，领导也会下意识地回避啊。而看人全身的整体部位就不同了，散发的是柔和与安全的信号，让对方放心、安心，自然上前交谈也没有更多阻碍了。

2. 中距离注视

这种距离注视适用于3~5米，眼神停留的部位在面部大轮廓，因为随着距离的接近，我们还保持全身的视角，未免也太呆板了。这个时候，我们的眼神往上下左右都不合适，所以正视对方的最好方式就是把眼神放在对方的面部。

3. 近距离注视

这种距离的注视适用3米以内，眼神停留的部位要论角色而言，如果是领导之间的面谈，要注视对方，注视的角度是两眼和鼻子的小三角区域，这是提升专注力的一种表达；如果对方是需要社交型关系，要注视对方，这是礼貌，但注视的角度是面部的双眼和嘴唇的小三角，视线下移的淡淡距离感，给人以重视和尊重；如果对方是同事朋友间的角色，要注视对方，注视的角度是两肩和头的大三角，给人轻松且关注的眼神，表现的是我一直在听你讲话。

不同的情况，要注视对方不同的部位。切记：不能斜视和俯视。这两种视角是不礼貌的。

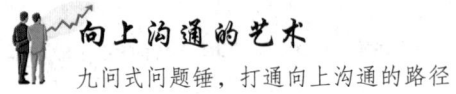

三、注意避免不必要的肢体语言

不少职场人与领导相处，缺乏对"肢体语言"的禁忌了解。在与人面对面直接交流时，语言所起到的直接效果仅占7%，而肢体语言的效果大于50%，剩下的效果则来自声音语调。

1. 进门要示意

若领导的办公室门是关闭的，进去前需先敲门，轻叩两声提醒领导有人要进来了；若门是敞开着，对着屋内的领导先点头或微微鞠躬示意，待其同意后再进入。

避忌：旁若无人地走进领导办公室，拖过一把椅子直接入座，或是低头走入，招呼也不打就直接进入谈话主题。

2. 坐姿讲礼仪

一般坐在领导的对面（要了解哪个是主座，哪个是次座），入座时动作轻缓，走到座位面前转身，然后轻轻坐下。手里有资料，可轻放在桌子上。男子两膝打开，与肩同宽，小脚与地面垂直，双手自然平放于大腿中部。女士入座前，双手向后拂裙就座，双膝并拢，小腿与地面垂直，双手叠放于双腿中部，腿位保持前后式、斜式、后沟式或是前搭式。

避忌：坐下后将两腿叉开或者跷二郎腿。无论坐着还是站着，不能佝偻着腰，这会让人误以为你身体不适或者不自信。而将手放在腿下会给人一种还没长大的感觉。

3. 聆听姿态

就座后，上身保持挺直，头部端正，目光眼神保持在眼睛和鼻子的小三角状态，身体略向前倾，这表示你在认真倾听对方说话。如果一种姿势保持得累了，可以适当换另一种姿势。

避忌：坐下后，身体扭来扭去不停摇晃，或者抖腿，身体晃动，一会倾向左边，一会倾向右边，或是摸摸头发、耳朵、鼻子，会给人以不耐烦的感觉。

4. 手部动作

在跟领导沟通的过程中，可以附带一些手势来增强自己想表达的内容，但手势不宜过多，动作幅度也不宜过大。一边说话一边玩笔，或是不停地按笔头，也是一种不礼貌的行为表现。

避忌：情绪激动时（或与领导聊得投机，或与领导意见不合）不自觉地拍手、拍桌子；使用"封闭式"肢体语言，即双手交叉抱在胸前或者紧握拳头，它们传达的是防御和紧张的信息。

5. 其他小动作

有些小动作要改起来很难，但我们可以在跟领导沟通前多多提醒自己，做些心理建设，尽量避免习惯性的小动作，以免让他人不适。

避忌：回答错误时捂嘴、用手挠头或者吐舌头，这些小动作都会让人觉得你很"孩子气"，不够专业。

"留意细节"要从小事做起

记得达·芬奇画蛋的故事吗？

达·芬奇是意大利著名的画家，他从小就在绘画方面表现出非凡的天赋。在他14岁那年，父亲把他送到一位名师那里学习绘画。

有一次，老师拿出一枚鸡蛋，让达·芬奇照着画。看到老师让自己画鸡蛋，达·芬奇觉得很高兴，觉得画鸡蛋真是太简单了，不就是画圈圈吗。于是他拿起画笔就在纸上画了起来，画了一个又一个。第二天上课，老师又拿出一个鸡蛋让达·芬奇画。

一连好几天都是这样。

达·芬奇就有些不乐意了，心想：这鸡蛋有什么可画的？他开始对老师的要求有点不耐烦了，觉得老师是不是教得太简单了，怎么老是画鸡蛋啊。于是他就问老师："老师，你为什么总是让我画鸡蛋呢？这也太简单了。"

老师早就发觉了达·芬奇的心思，他很耐心地说："你可不要觉得鸡蛋容易画，我问你，你能找出两个完全一模一样的鸡蛋吗？就是同一个鸡蛋，你从不同的视角观察，也能看出不同的形状。而且，在光线折射下也是会影响事物形状的，你在画鸡蛋的过程中注意到这些细节了吗？我让你画鸡蛋，是要锻炼你的眼力和观察力，这是绘画的基本功。如果你把鸡蛋画好了，再去画其他复杂的物体也会变得容易许多。"

听了这番话，达·芬奇恍然大悟，终于体会到老师让他画鸡蛋的目的了。

从此以后，达·芬奇不再轻视画鸡蛋这样的绘画基本功，常常为了画好一个蛋，成百上千次地不停画圆圈。随着时间一年年过去，达·芬奇的绘画水平一天天地提高，直到超越了自己的老师，成为著名的画家。

达·芬奇画蛋的故事告诉我们：任何事情都是这样，把细节做好，形成一种习惯，坚持下去，就能成功。

同样的道理，在职场沟通中，这种不注重细节的行为，领导第一次会打断，第二次可能就会不耐烦了，第三次很可能因没有耐心而斥责你。因此，在沟通时，一定要训练自己留意细节，并且留意任何的小事。

留意细节的最好方式是从点滴小事做起，从我们身边的每一件小事做起。

比如：

1. 工作中严格遵守工作时间，上班不要迟到，下班时不早退，不因私事影响工作，用良好的工作态度获得领导的好评。

2. 职场活动中节约一滴水、一张纸、一度电，养成随手关灯、关门窗的习惯。

3. 当领导给我们布置工作任务时，所出具的数据、撰写的文章、策划的活动流程等都做到没有差错。

4. 领导交代的事，自己经手的事，从时间、地点的确定，到准备什么、如何应对都要有全盘考虑。

养成关注小事的细节习惯后，你就会发现，不管是待人接物，还是工作执行上，你都会得心应手许多，工作效率也会大大提高。

向上沟通的艺术

九问式问题锤，打通向上沟通的路径

"留意细节"的表达方式

要想跟领导之间沟通无障碍，就要尽量减少不必要的杂事，以达到沟通效果的倍增。

我以前干过一件自认为很省事的事儿，就是喜欢采用同一个演示文稿、同一种表达方式，向领导演示或做工作汇报，第一次觉得没有什么问题，我觉得挺省事的，后来再有其他的工作沟通时，除了改一下内容和格式，仍然采用原先的模式来应对领导。其结果可想而知，效果大打折扣。我们可以想一想，如果财务和会议报告用同一种表达方式，会不会出现不同的效果呈现？这样一来，领导不仅会产生视觉疲劳，也会对我们的工作专业性提出质疑。

所以，在工作过程中，我们应该注意表达的方式，哪怕同一个问题和内容，用不同的表达方式所能产生的效果也是不一样的。因此，在跟领导沟通汇报工作时，我们应当注意采用领导所期望的方式应对，这也是沟通的"白金定律"。

一次，小文被派去跟合作机构的团队开发一个项目，期间需要对第三方企业的人员做回访。在分配名单的过程中，小文发现名单中有一个成员，在之前的沟通中跟他聊得不错，但不在自己的名单中。于是，小文就跟合作的机构提出异议："名单中的A某之前跟我有过联系，现在换个联系人有点不太好吧？"

第五锤 重点在哪里（where）

没想到，合作方的人员觉得小文有点搞事情，回了一句："有什么不好的，这些人有很多是我的校友，难道我全扔给你？"小文觉得气氛有点不对，便没有继续再接话题。事后，他心里还是不舒服，就找了小张，诉说了自己的郁闷。小张听了以后，劝解说："这次的合作方，跟第三方客户有一些是存在校友的关系。如果是我的话，我会先问，A某是否是对方的校友，名单中的A某和我之前有过联系，换个人是否会有影响？"

小文听了，有点不解："你的说法跟我说的本质上没有什么区别呀？"

"是的，没错。"小张回答道，"不过，请记住一点：我说的内容虽然和你的差不多，但我表达的方式是和你是不同的。你是质疑对方，我是尊重对方。"

在沟通过程中，我们关注的点不仅在于我们说话的内容，还在于我们说话的方式。"我对领导是掏心掏肺，一颗忠心可表日月"，结果却换来领导的冷漠相对，这是很多人想不通的道理。其实说白了，就是表达方式出现了问题。

人的背景不同、生活环境不同、所接受的教育专业不同，所接触的人员也不尽相同。因此，为了达到双向沟通的顺畅目标，我们必须采用适应对方的言语和方式与之沟通。

有一个秀才去买柴，他对卖柴的人说："荷薪者过来！"卖柴的人听不懂"荷薪者"（担材的人）三个字，但是听得懂"过来"两个字，于是把柴担到秀才前面。

秀才问他："其价如何？"卖柴的人听不太懂这句话，但是听得懂"价"这个

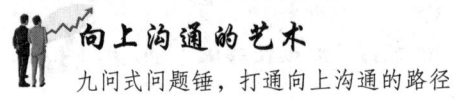

向上沟通的艺术
九问式问题锤，打通向上沟通的路径

字，于是就告诉秀才价钱。

秀才接着说："外实而内虚，烟多而焰少，请损之。（你的木材外表是干的，里头却是湿的，燃烧起来，浓烟多而火焰小，请减些价钱吧。）"卖柴的人因为听不懂秀才的话，担着柴就走了。

如果我们不能用别人听得懂的语言去跟别人沟通，显然产生的效果是不好的。即便再说得天花乱坠，别人也是不懂的。

和领导沟通，要力求表达清晰、准确、到位，不要因为表达问题而造成不必要的误解。沟通不在于用自己的理解语言去跟对方沟通，而在于表达得恰如其分，去讲清楚意思，让别人明白。尽量避免使用歧义或生僻字的语言，以免使人误会。

有个人请客，眼看开饭的时间差不多了，却只来了三个人。这个人心里很焦急，便随口说道："怎么回事啊，该来的客人还没有来？"这句话却被一位敏感的客人无意间听到了，心想："该来的没来，那我是不该来的人吗？"想想还是走了吧。

请客的人一看怎么还走掉一位客人，更加着急了，于是又说道："怎么不该走的，却走了呢？"这句话又被一位客人听到，这人便想："那个不该走的人是指我吗？那个人是不该走的，那我是该走的？"于是也走了。

最后只剩下一个跟请客人较熟悉的朋友，他觉得这个场面有点尴尬，就劝他说："你说话前应该先考虑一下，否则一旦说错了，就很容易得罪人，你看人家都被你说走了。"

请客的人觉得很冤枉,赶紧解释说:"我不是说的让他们走啊!"

朋友听了生气了,说:"不是叫他们走,那就是叫我走了,好,再见!"说完,头也不回地离开了。

请客的人是一片好心请客,却让请来的客人全都走光了,这就是因为表达不准确,说了容易让人误解的话,引起了别人的误会。所以,说话一定要注意字斟句酌,要把自己的意图表达得完整、到位,不要含糊其辞,说些容易让人误解的词。另外,跟领导说话要就事论事,就事论事就是以公正的态度讨论这件事情,不把各自的观点掺进去。

沟通中,诚实是做人的第一信条,任务做砸了不要紧,未来的日子里努力改正就行了,可是如果你弄虚作假说了谎话,在领导面前就没有信誉可言了。一旦出现工作问题,领导联想到的第一人也就是你,这是很难弥补的结果。

举例:管经理为了培养小文的做事独立性,便将手里的一个优质客户A交给小文维护,小文欣然接受了。在跟客户的接触过程中,小文不小心得罪了客户,但是她没有告诉经理,而是选择隐瞒,并想试着通过自己的努力挽回客户的信任。谁知客户仍然不肯原谅小文。期间,管经理有跟小文问到A客户的进展情况,小文回复领导的是一切顺利。时间一点点过去,小文最终还是没能让客户回心转意,却等来了管经理的怒气冲冲。他质问小文,交给她维护的客户为什么不跟公司合作了。

这件事的后果可想而知,管经理对小文的信任度肯定大打折扣。

可见，我们在沟通过程中，一定要如实汇报，不能因为自己的原因而选择欺骗，或是故意隐瞒，导致很多事情无法逆转。把事实夸大或是为了自己一方的利益而扭转事实，这种情况在职场中所对应的往往是自食其果。这在对上沟通中是需要引以为戒的。

有关诚信的内容，我在后面的第八锤"培养诚信习惯"中再详细给各位着重说明，这里仍旧希望大家不要忽略语言的表达细节。

"留意细节"的关注程度

很多时候,小小的一个细节对成败有着至关重要的作用。妨碍我们远行的,往往不是我们自身不够努力,而是工作环节里的那个小小的不注意。就像我们阅读书籍的时候,为什么名著总是那么经典,耐人寻味?而我们自己的写作就那么枯燥,那么没味道呢?主要在于对细节的关注程度还不够。

同样的道理,在完成领导的任务后,要汇报工作成果,这样才知道工作是否完成了。比如报表做得细致、内容丰富等。每一个环节自认都有涉及到,为了不出现失误,也重新检查了一遍。此外,下属也能够接收得到领导的满意程度。

到底领导是不满意、非常满意,还是一般满意?只有交流过后才能领会到。比如:

很好,继续努力!

不错,把这个地方改一下就更好了!

还可以,尤其是××部门非常好!

嗯,不错不错,就照你说的办!

文件先放一放,回头你照我修改的发出去!

……

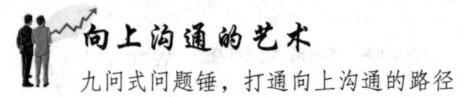

以上领导的各种回复，直接反映出下属的工作细节是否做到位。

有时候工作中遇到一个问题，我们可能就要花费好几个小时把这个问题给解决，而当解决的那一刹那，又觉得就这么点事浪费了太多时间。

很多时候我们一般不会记住太多的事情，有些事即便刚过一天时间，我们也常常就忘得差不多了，但唯独当一件小小的事情让我们成功或是失败时，就会变得刻骨铭心，或者耿耿于怀。

这个就是对细节关注度的问题。

1.1分关注是有意识地思考

你工作的时候，会提醒自己不能出差错，要好好规划；你做错事的时候，你会给自己打气，下次不能再犯这样的错了。但是这样的细节，很多人都做得到，这并不能证明你有关注这件事，只能说明你具备处理意识。

2.2分关注是行动力的表现

很多人都在说，光说不练假把式。在你规划好工作时，你会照着计划走，按部就班；计划变动的时候，你会想办法克服，解决问题。这样对事的关注度比嘴上说得更实际，也更容易达成目标。

3.3分关注是细致用心的态度

细节决定态度，也能成就领导的赏识。什么是工作赏识，当领导看到你工作成果时，不经意地表达出："我都没想到的，你却做到了。""不错，你考虑得太周全了。""你的想法很不错，我没有问题了。""完成得不错，××项目就交给你了。"得到这样的领导认可，说明你有花心思在这件事上，并完成得很好。

4.4分关注指的是每个工作回应的信息收集

平时应该有意识地收集资料，并存档归类。对于同事，你应该扩大交际影响圈，关注于人际交往的关系相处；对于领导，你应该了解领导的工作习惯、他是什么样的性格、每个工作状态下会有什么样的回应等。

5.5分关注是一如既往的坚持

工作的不同成果在于细节关注的程度。做一件事最需要注意的细节，不是这一刻我解决了什么，而是我得到了什么。当我们遇到工作问题时，或是接受领导工作任务时，要用你的认真、你的细致、你的习惯，解决了领导的难题，并且一如既往地坚持。

6.6分关注是洞察到结果的影响

如果说5分关注是掌握工作细节的诀窍，那么5分以上的关注度一定是很用心想做到事半功倍，在安全的基础上再次加上保险。你会留意你所接触到的工作或是人员的信息，你会在意这件事对别人有没有影响，等等。工作中真正的细节是什么？实际是洞悉你身边的全部。

7.7分关注是能预知事态的发展

得到七分的你是有包容度的，因为你会迅速分析出一件事的影响程度，言外之意就是掌控问题的进展度，以及选择适合的方式去应对，而包容意味着你的强度和敏感度。

细节关注方面不是发生了什么，而是领导说了什么，今天会发生什么，领导会说什么。细节上的关注是预知事态的发展。

8.8分关注是形成自觉的自然反应

细节关注的程度和目标达成关联是什么？目标达成是好的结果，是领导对我们工作的认可。而细节的关注度就是我们隐藏在工作过程中，形成必然的各种偶

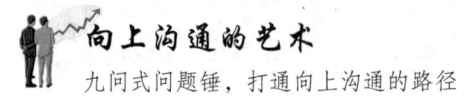

然，成就了我们目标达成的概率。一个目标是否能完成，没有对细节一定的把握是完成不了的。八分关注的细节把握度，一定是形成本人行动的自然反应，不需要别人提醒和要求，自然反映出对工作的灵敏度。

9. 9分关注是好习惯的养成

蔡康永说："15岁觉得游泳难，放弃游泳，到18岁遇到一个你喜欢的人约你去游泳，你只好说自己不会；18岁觉得英文难，放弃英文，28岁出现一个很棒但要会英文的工作，你只好说自己不会。"

这段话让我想到，工作中麻烦的事情很多，如果每一次都选择逃避，那么我们会失去各种解决问题的可能和机会。细心的关注是解决每个问题后养成的良性习惯，将它融入工作的每个环节，这将会使人受用一生。

10. 10分关注是经验的完美总结

世界上从来都没有完人，每一个用心的程度都可以是目标达成的满意度，某一个工作完成的经验积累。在接受每一次领导给出的评语时，如果说，学会发现问题，总结问题，把这些1~10分的关注细节全部加在一起，环绕整个职场环境，给自己提出标准，那么你能成为十分关注的职场人士。

以上1~10分的关注程度，您做到了几分？

一个人的职场生涯很长，细节的关注度决定我们在职场的成熟应对。所以想办法尝试朝着十分细节关注度的目标去尝试，成为让自己和领导都很满意的职业人士吧。

老子说："天下难事必作于易；天下大事必作于细。"任何一个工作都包含无数的细节，由点点滴滴的细节连接而成。但是从细节入手，以细节制胜，无论是领导安排的大事还是小事,把过程分解,把过程细化,把握各个环节的精准度,任务的完成度会越来越高,跟领导的相处也会越来越顺利。这样一来,失误的概率当然会越来越少。**因此提出九问式第五锤:重点在哪里(where)对应的习惯——"细节留意"的习惯**,是这里提出的第5个职场沟通的修炼。

总结第五锤:"留意细节"习惯的运用

1. 把握一天中的时间效率点,在不同的状态上协调工作内容,力求工作达到最佳效果;

2. 留意不同领导的性格类型,运用适合的对应方式,让领导接受我们的观点,促成有效的沟通;

3. 行为和感官的细节留意,从行为修养到细微表情的表现,做一个让领导容易接纳,产生好感的人;

4. 细节在工作中的每一个小事上体现,不要忽略,不要轻视;

5. 要充分尊重领导,细节上要多注意使用适合对方的语言表达;

6. 细节的努力程度呈现出职业成熟度的不同,经验的总结是细节把握的不错方式。

第六锤

用什么方式（which）

沟通中要有"坏事早说"的习惯

目的：任务中，遇到坏消息，第一时间告知领导，不要隐瞒，防止事态超出自己的控制范围，用高能期工作的方式，归纳好思维，选择适合的方式契合领导，提高工作效率。

场景6

最近管经理一直在跟B公司谈一个项目，谈判正接近尾声，小文却突然接到B公司代表打来的电话，说这个项目已经确定跟另外一个竞争公司合作了，目前已经在签合同了。小文想了想，这件事还是当面跟管经理说一下比较好，便发了邮件给管经理，告知他明天务必来一下公司，告知跟B公司的合作进展。管经理第二天兴冲冲地来了，见到小文便问，B公司这边有好消息了吧？谁知小文却像是倒下一盆冷水："管经理，是个坏消息，B公司已经跟我们竞争公司签约了！"

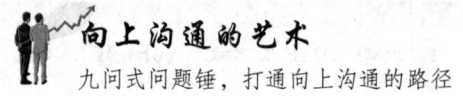

九问式问题锤,打通向上沟通的路径

"什么?"管经理一听气坏了。

"你为什么电话里不说,耍我吗?"

场景6的分析:小文想的是,合作项目在即将要成功的时候,却传来不合作的坏消息,这是个需要非常慎重看待的事情,务必要当面跟管经理汇报一下。而管经理一直认为这个项目合作是板上钉钉的事,心理预期中没有不成功的设想,所以当小文报告坏消息的时候,管经理的心理落差很大,怒意自然就爆发了。

每个人都有自己的思维习惯,什么可以,什么不可以,都有一定的认知。遇到需要面对的问题,有不止一种的解决方式,如何选择更好的解决方式,取决于职场阅历的经验积累。场景中小文考虑的事情是,他觉得慎重的事件适合用面谈的方式,却忽略了对方管经理的感受,我们说坏事要尽早汇报也是出于这一点的原因,越早让对方知道,越早将控制权转交给对方,且尽早降低对方期望值。

小文知道客户取消合作的坏消息是要告知领导的,而在方式方法上,他有很多方式可选择,比如,电话、邮件、微信、短信或面谈,为了要说清楚事情的原委,他选择的是面谈,却忽略了告知的目的是什么。

他的目的是让领导知晓这个事情,有个心理准备,好掌控事态的发展,但是他忘了,控制事态发展的关键要素是时间。从效率上,越早越有时间解决;从情绪上,期望值越低,情绪的负面反应也就越低。因此,这种场景下的告知方式应该是电话。

第六锤 用什么方式（which）

小文在告知的思维方式上没有摸准管经理对此事的反应，而过多关注事实本身，没有考虑到管经理的情绪着力点，从而换来了领导对自己的不满意。

所以场景6中，遇到不好的事，要选择尽快将信息告知领导，以争取尽快解决，其"锤"开的问题就是养成"坏事早说"的习惯。

选择"坏事早说",让领导及时应对

场景6中的情节,可以用微信或短信告知领导吗?可以的。"这个领导脾气不好,很容易迁怒别人,我还是发个信息告知他一下,让他心里有个数。"

在工作中要想有更好的工作方法,需要我们对客观事物间接的、概括的反映能力,在了解事情的发展方向后,逐渐把各种不同的思维方式进行分类归纳,当出现不同状态的问题发生时,就能概括并选择出当下更好的工作方式回应,与领导的要求契合。

在执行任务的过程中,遇到事情去跟领导汇报工作,让他安心。这些事情本就有很多变数,总是会有些意外。比如:天气不好了;人员生病了;路上堵车了等等计划赶不上变化的事情,谁也不能保证一件事能顺风顺水地做到最好。

对此类事件,有些下属会选择跟领导告知一下,有的人会选择隐瞒,有的人会选择先自己解决,解决好了,再跟领导汇报。

实际上,这个时候不论将事情的发展方向是好是坏,都应该去跟领导知会一下,让他安心放心,否则等他来帮我们操心,就难办了。

如果小文在工作中,将发生的状态、变化及时告诉管经理,管经理会根据小文的信息判断是否还有挽回的可能,将领导的期望值也控制在最低状态,也就不会出现管经理生气的一幕了。

对于领导来说，最大的烦恼是什么？

领导不问，下属就不说！

管经理是不是这样的想法："怎么不早点来说？你怎么知道我不能挽回这个合作？真是耽误事！"

有些下属做错了事选择瞒报时，心里的想法也容易理解，怕领导知道自己没有完成工作会挨骂。怕自己被领导嫌弃没有能力，于是有事就喜欢自己扛，想着万一没事了呢。与此同时，却忽视了万一事情恶化了，控制不了了，万一事情不是自己想得那么简单呢？与其想着我运气好，事情会处理好，要是事情就这么过了，哪天领导知道这件事后，第一反应可能是"这人不能重用了，能瞒着我做事情的人，谁知道后面还会有什么事情是我不知道的"。一旦脱离领导认知的下属，通常不是冷宫位置，就是调岗调任，这是个存在很大隐患的职场现象。

"坏事早说"的习惯，让领导尽快掌控事态的信息，便于及时解决问题，让他安心。但让领导最安心的是，在我们这尽可能不出现工作上的"坏事"，接下来有四个提示给大家参考。

提示一：三节律周期的工作思维

坏事发生的原因有很多，比如：下属能力不足，却受领导重用，能力卓越的下属却偏偏得不到领导喜欢；一贯忍让的同事突然与人吵架，等等。这些因状态失衡出现的工作坏事，是怎么回事呢？

其实这也跟我们的智力、情绪以及体力周期有着隐秘的关系。

1. 智力周期影响着人们的记忆力、敏捷性以及对事物的接受能力、逻辑思维和分析能力等。智力体现在工作中不仅是能力表现，也可以用在协调、沟通、执行的各个部分。

2. 情绪周期影响人们的创造力、对事物的敏感性和理解力、情感与精神及心理方面的一些机能等。智力情绪体现在工作中有承受力表现、心态的转换，以及接受度和理智、耐心等各种心理变化。

3. 体力周期影响着人们的体力状况，包括对疾病的抵抗能力、肌肉收缩能力、身体各部分的协调工作能力、动作速度、生理变化适应能力，以及其他一些基本的身体功能和健康状况等。体力在工作中最直接的是耐力表现，还有精神、压力和效率等。

以上就是"三节律周期"。

一般智力周期是33天，情绪周期为28天，体力周期23天，把它结合到工作

第六锤 用什么方式（which）

中来说，其影响也有盛衰起伏，可能在各自的运转中会出现高潮期、低潮期及临界期，在这里为了方便阅读，我称之为高能期、低能期和濒临期。

高能期表现出精力充沛、思维敏捷、情绪乐观、记忆力好、理解力强，这种状态的时机是工作中的最佳时机。每个行业领域的人士在这个时期都可以找到自己的最佳状态。

但如果是低能期或是濒临期，就会表现耐力下降、情绪低落、反应迟钝、容易忘事等。很难在领导面前表现自己，被情绪左右时就很容易陷入低能期，当然智力和体力也是会出现低能期，所以我们了解自己在工作上的高能期、低能期或濒临期，就可以在心理上早做准备，用自己的意志和责任感去克服难题，并度过负能量期或最坏的濒临期。

就像我们人体自身的"能量"波动，当我们的工作状态处于低能期时，会感到智力下降、情绪不好和体力易疲劳，但人的特殊性让我们保留了理性智力和感性的责任，只要我们了解自己的具体工作能量期，什么时候该做什么事情，什么时候做什么更顺遂，更能开动大脑，培养"可以更好"的工作方式的思维习惯，不认输，并放弃"我就这样啊，我只能这样啊"的借口逃避。

这三种能量期的工作行为意识到了，就容易避开，因工作的低效率而受到领导责难的困境，尝试把处于负能量期的工作，换到高能期工作，用高度的集中力来克服情绪导致的不适。不是说高能期就可以随便做做，这是绝对的错误。用心工作是所有职场管理者都看重的下属属性。

即便是处于低能期，不得不执行的工作任务，也请放轻松，可借助外力，或调整心态，营造高能期的状态，以平常心对待就好。

在智力高能期，大脑思维比较开阔，记忆力较强，归纳、推理、综合的能力也较强；在情绪高能期，人们往往表现出精神焕发、谈笑风生；在体力高能期，持续性的高压工作，也有可能取得出人意料的好成绩。

也就是说，一个人的三个周期正好同时处在高能期的时候，就有可能表现出超乎寻常的能力，能够面对工作中的各种挑战。

至于三节律周期的计算公式，尽管很复杂，但仍可以在网上和一些小程序里找到它的便捷计算方式，大家需要注意的是：它仅仅是作为工作行事的一种计划工具，不能成为一份工作成败的依赖。

提示二:"心有对方"的工作思维

要避免坏事,就要特别注意"对象化",时刻以对方的体验为核心,最核心的一点就是要时时做到"心中有对方"。

具体的两个要点:

1. 在选择结构的时候,需要根据对象对于问题的熟悉程度,选择合适的结构和框架。如果对象是对我们的工作内容非常熟悉的直属领导,可以跳过烦冗,直击问题点。若是对方对于问题、背景等都不清晰,那么为了统一同一个频道的理解力,还是需要我们先按照来意+结果,再从背景介绍开始对项目进行阐释,从而确保大家都站在一个问题点上,由此也能更好地促进对方跟随思路,得出我们最希望得到的结论。

2. 在陈述的环节,对方的身份和场合决定了我们要采用的对话模式。如果对方是自己的直接上级领导,一个电话,或者当面的沟通,三言两句就足够把事情的来龙去脉交代清楚了。如果对方是需要做商务呈报的,那就需要精心准备一个PPT,同时还要配合设计相应的解说。毕竟,在一次面对面的汇报中,视觉、声音、文字共同发挥作用,才能呈现出整体的效果。比如,在超级演说家的演讲中,我们可以看到演讲者们结合了数据、视频、声音等各方面的因素,让听众充分感受到各种"震撼"的观点。

提示三：行为参照的工作习惯

发挥能改变95%潜质能力的行为参照，看看以下哪些是我们能坚持的：

1. 养成"保持运动"的习惯，有良好的体魄，为工作和生活打好体能基础；

2. 花点时间总结每天的工作，好的经验加以积累，不好的教训引以为戒；

3. 保持积极的心态工作，保持良性循环的快乐心情；

4. 养成"参考别人的成功经验和实践行为模式"的习惯；

5. 每天观察别人的一个特性，提高洞察力的敏感度；

6. 吸取同事（别人）的工作经验；

7. 养成"与人交流"的习惯，练习会说话的沟通话术；

8. 睡眠休息时间的规律性，尽量避免熬夜作息；

9. 养成"打坐"的习惯，会让你静心安神，可以放松一天的劳累；

10. 花点时间总结一周的工作成果，发现偏差及时纠正；

11. 养成"工作结束前，制订第二天的工作计划"的习惯，让工作变得井井有条；

12. 养成"制订时间表"的习惯，合理安排和分配时间使用；

13. 养成"保持工作的集中性、摒弃杂念"的习惯；

14. 用人生信条来激励潜能；

15. 养成"利用一天中的高效时间高效工作的科学用脑"的习惯；

16. 瞭望远方，放松自己，开阔思维，也能保护视力；

17. 养成"合理安排度假"的习惯，调节身心，可以更好地激励自己；

18. 有问题不要憋心里，虚心搞清楚，弄明白，放过自己；

19. 养成"工作分享"的习惯，和谐的人际关系是关键；

20. 学会借用别人的智慧；

21. 养成"阅读"的习惯，书中自有黄金屋，书中自有颜如玉；

22. 不对自己设障，要有"我行、我可以、我能"的激励意识。

提示四：好习惯培养的3个时期

好习惯的养成是决定一个人是否成功的职场要素。一般而言，好习惯养成要持续多久呢？实际上，不同程度的时间就有不同程度的习惯。

程度1：行为习惯

时间为1个月，实践比如：记录的习惯、看书的习惯、清理台面的习惯、喝水的习惯等；

程度2：身体习惯

时间为3个月，实践比如：微笑的习惯、早起的习惯、坐姿的习惯、运动的习惯等；

程度3：思考习惯

时间为6个月，实践比如：判断思考的习惯、决策思考的习惯、创新思考的习惯、正能量思考的习惯等；

一个好习惯的行为培养一般历经3个时期：抵触期，动荡期和厌倦期。

这3个时期坚持下来，我们会有很大的收获。

1.抵触期，犹如逆水行舟，很难适应。

持续时间：一般为1~7天，成功率30%，从心理角度很容易马上就放弃。

例如：新鲜劲一过就不想继续了；原本想得好好的事情，执行起来一遇到阻碍就放弃；随着时间的过去，行动上也变得越来越懒散。

建议：这个时期的行为一定要撑下去，哪怕是机械的也要继续照做。

提醒：有两个要点必须做到。

第一个要点是慢慢来。习惯是个非常固执的意识，原有的行为认知让我们想着不要改变，现在多好，多容易，未来谁知道啊，还是这里安全，放弃吧，多容易的事啊，所以不要试图一下子就能达到目标，分步骤地安排，每次一个小小的目标，且容易达成的目标，慢慢地，一点点地去实现，就是要坚持。

如果你要养成总结的习惯，一定先从一件小事，慢慢从一小节到一天的模式，把时间定下来，睡前、午休，还是早起？不求多，不求量，只要是自己能接受，容易达成的程度即可。

在这个抵触期，无论多小的目标，对于培养习惯都有相当大的意义，另外制定好了的时间不要轻易改动，一定要坚持。

第二个要点是想着记录。记录表示出不随意的态度，消除不重视、随时可推翻的形式。要想成功养成习惯，就不要贪多，不要有多个习惯一起来的想法；有规则的行动是简单有效，越简单的设置越容易坚持，最重要的其实就是坚持。

2. 继续中的动荡期是关键。

持续时间：一般为 8~21 天，成功率在 60%，从心理的角度承认失败，一旦被其他事影响就很难持续了。

建议：不要在安排好的事情里，插入其他的工作事项，否则很容易放弃原来的计划；不要因为其他原因而中断计划，不要让突发事件或交通等自然原因，成为行动阻碍。要灵活地制定目标和行为计划，留出足够的持续机动空间。

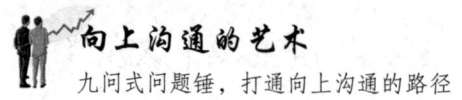

提醒：有三个要点必须做到。

第一个要点是让行为常规化。用固定的模式，固化你的思维，这个时间点我就是要做这件事了，看到什么我要做什么的自然意识，接着去做，去执行，这样下来，形成常规化的行为，很难被打破，因为你不做就有浑身不舒服的感觉。

比如午餐后的安排：

12：30~13：00　午休；

13：00~16：30　跟客户联系；

16：30~17：00　整理沟通资料；

17：00~17：30　总结一天的工作结果。

持续如此，能培养工作中的节奏感，时间长了，就成为一个自然而然的习惯。

第二个要点是灵活制订计划。很多时候我们都会遇上计划赶不上变化的时候，计划再怎么周全，也总有一两个突发状况。灵活制订计划就是给出一定的时间空间用于灵活应对突发状况，让计划保持弹性。所以在制订计划时尽可能考虑周全，一旦出现例外状况，有及时应对的方法。

例如：今天的客户联系数量没有按时完成，明天我一定要补回来。

第三个要点是要有激励措施。激励是通过设计适当的外部奖酬形式和工作环境，以一定的行为规范和惩罚性措施，借助信息沟通或物质奖励来激发、引导、保持和规范的持续行为，可以让你获得继续努力的动力。当你想要放弃时，掌握激励自己的诀窍，然后控制自己的行动；当你努力得不错的时候，也可以给自己一些鼓励。

失败的激励形式有：处罚游戏、名言激励、仪式等，这次没做好，下次要做到，一定要向谁谁学习（你的偶像或你佩服的人）。

成功的鼓励形式有：吃一顿好吃的，或去买件新衣服等。

3. 习惯挣扎的厌倦期。

持续时间：一般为22~30天，成功率高达82%，心理层面的最大反应是好烦啊，怎么还是这样，干脆算了，但扛过去就是胜利。

建议：提不起劲是正常反应，了解就能越过障碍，你已经成功在望了，这是最后原有习惯的反抗，一成不变虽然有点枯燥，但是你会意识到不一样的变化。

在培养一个习惯的过程中：最后阶段的厌倦期最容易乏味的，这个时候，可能因为感受不到继续下去的意义，会有不满足感，想要放弃。

提醒：有两个要点必须做到。

第一个要点是花点心思在这个时期，增加一些趣味性，便于度过这段时间。比如，多一些鼓励的措施，买个小甜点、试着打扮自己、买点小植物、重新归置一下文具等，调整一下工作环境。总之，这些小小的改变都会令心情焕然一新，形成动力。

第二个要点是准备下一个习惯的开始。好的习惯多多益善，一个关卡一个关卡地过，这是成功种子的持续耕耘。一旦一个习惯养成了，就开始下一个习惯，再次用全新的面貌进入全新的行动。

需要注意的是，不管什么时候一次只能培养一个习惯，在厌倦期拟订新习惯养成计划也是一种新心情的调适。养成一个良好的习惯，会让我们受益良多，改变我们的工作方式和质量。

遇到坏事需要跟领导汇报，同时也要注意防止坏事发生的概率，从掌握工作周期中选择高能期的工作点工作，懂得把握用适合对方的表达方式沟通，总结好的行为参照，学习好习惯养成的规律技巧，坏事能避则避，努力即可，即便发生了也要提醒自己，要有"坏事早说"的习惯养成，**因此提出九问式第六锤：which（什么方式）对应的习惯——"坏事早说"的思维习惯**，是这里提出的第6个职场沟通的修炼。

总结第六锤："坏事早说"习惯的运用

1.任务中，坏消息要尽早告知领导，以免事情恶化，对公司和个人不利；

2.找到智力、情绪、体力的高能期，并选择在高能期的状态下工作，面对挑战会有超乎寻常的发挥；

3.以对方为核心，选择有结构的方式汇报，促进对方的跟随思路，使他与我们保持一致的思维沟通；

4.对不了解状态的领导，选择精心设计的呈报方式，呈现完整的内容效果；

5.参照各类辅助方式，如阅读、运动、人生信条等方式进行能力补充，全方位备战职场；

6.执行好习惯的培养计划，坚持抵触期，激励动荡期，调适厌倦期，养成好的工作习惯。

第七锤

如何做（how to）

沟通中"观察回应"的习惯

目的： 观察领导在工作互动中的不同回应，掌握跟领导的工作默契点，找准时机进行有效沟通，避免打乱领导工作节奏，使领导厌烦。

场景7

管经理最近事情太多，工作节奏很快，常常是一件事情未办完，就接着办另一个事情。所以，这几天小文一直在协助领导的工作。一天他照例跟往常一样将需要处理的文件按照时间的顺序一一排列好。不巧，王总经理来电话了，让小文告知管经理，一个小时后去会议室参加一个紧急会议。于是小文就赶紧告知管经理：

"管经理，刚才王……"

"现在不要跟我说话！"管经理头也没抬地打断了小文。

场景 7 的分析：此案例的外在问题是，管经理的时间很紧张，一心只想完成自己手里的事，不想被外界干扰，而小文是有事不得不报，两者之间的沟通就出现了障碍，导致沟通不畅。

出于问题发生的情形，两人各自有各自的想法。

管经理觉得：没看到我正忙着吗？有事晚点。

小文想：你上司来电话让你去开会，我能不告诉你吗？要是误了事，你还不是要批评我。

管经理是个大忙人，工作节奏非常快，是个做事有计划的人。工作环节中，不允许随意被别人打乱，因为容易造成他的思维被干扰，小文这个时候的出声，造成了领导工作思路的断层，基本上属于谁碰到谁遭殃的局面。

这种状态下，下属最好要顾及对方的感受，以对方的时间方便为主，选择一个最佳的切入时间，比如，在文件上贴个纸条，或是趁着他工作间隙时告知信息，都是可行的。关键是要学会见缝插针的眼色，只要平时有留意细节的习惯，就不难找到切入的时机。

工作中，如果能把握好领导在工作常态中的回应习惯，找到恰当的时机，形成默契，会让我们在沟通上更为顺畅。

1. 情绪对应上，下属就能选择合适的时机去汇报，省得挨骂受罚；

2. 行为对应上，能选择领导能够接受的方式去沟通；

3. 工作内容对应上，可以根据跟领导以往的回应经验，选择恰当的汇报方式去跟领导反馈工作。

第七锤 如何做（how to）

一般来说，领导的工作回应是一个动态的过程，随着领导对工作的进度掌控，需要员工不断努力，才能锤开问题，了解到领导对某些事的常规性态度。时间一长，下属跟领导之间就会有一定的默契度。

跟领导工作互动中的6个观察要项

掌握领导正向情绪的原理。对方心情好，时机用好了，说话的方式反而不重要了，比如：

去倾听领导说话的同时，也要掌握自己说话的时机；

沟通的时候观察对方的心情，找好适当的时机去引导领导的思维。

这些观察到位了，时机掌握好了，跟领导之间的工作互动就不难相处了。掌握六个要项：

一、观察听与说的时机，不是自说自话

有一类员工，不喜欢也从不主动跟领导沟通，除非必要，否则绝不开口，生怕自己说错什么就把领导给得罪了，因此只在领导安排工作任务时，对答几句。这类人不容易出错。坚持一个"多说多错，少说少错"的原则。工作虽然完成得也不错，但是他们并不受领导的喜欢和重视。

跟领导沟通的时候，多听领导说话，听清内容的任务信息，这是一个很好的沟通习惯，重要的事不容易错过。但是，如果你不把自己的想法和意见说出来，去跟领导交流问题和困难，也会给自己增加烦恼和工作障碍。

所以，说话的合适时机就显得尤为重要了，不说自己的话，去说领导想要

第七锤 如何做（how to）

听的反馈和意见。用客观的陈述，或是借别人的想法来说明自己的主张，在跟领导工作沟通时，观察他是如何回应的。这个时候不光要听，也要适时地跟他回应和反馈，让他得到更多的客观决断依据。如此下来，听与说的时机就能很快观察到了。

二、跟领导谈正事和要事时的观察，与他统一情绪

情绪的影响力还是蛮大的，心情的好坏直接投射到一个人的行为和处事态度上来，在工作中亦是如此。

比如工作中的场景：小文要去汇报工作，领导正好在跟别人打电话。小文不管三七二十一，上来就说："管经理，有事跟您汇报一下。"领导这会儿电话里的话题还在继续，突然地被小文打断，他是继续呢，还是放下电话呢？此时，领导会出现两种反应：

第一种，"现在有事，不跟你说了，晚点聊。"领导放下电话，然后跟小文说，"什么事啊，非要现在说不可？"领导接过小文手里的文案看了看，"这里有点问题，需要再审核一下。"小文只能回去等审核结果。

第二种，领导继续跟电话那头聊："哦，没事，你说你的，不要紧。"然后暗示小文将文案放在桌上，朝他挥挥手，让他先走人。小文也只能先离开了。

这两种方式的领导回应，看似不痛不痒的，但其实都会认为小文做事不细心。

换种方式，当小文看到管经理在打电话时，她走过来，跟领导打个"您继续"的手势，意思是，我先回去，稍后再来。然后看领导反应再决定下一步行动。这样一来，领导也会有两种不同的情绪：

第一种，"现在有事，不跟你说了，晚点聊。"见你识趣，领导放下电话，这

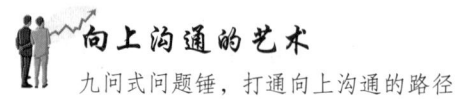

种状态下领导没理由有情绪,并会接过文案看看,"这里有点问题,不过不大,我再审核一下,应该没事。"小文心里有数了,因为领导会摆平的。

第二种,领导跟你点点头,同意了你的暗示,继续跟电话那头聊:"哦,没事,你说你的,不要紧。"这种状态下,既满足了他的当下需求,也不会表现出不满的心情。虽然领导没有听你汇报,但是小文已经跟他做了暗示,"现在有工作需要你的指示,因为你忙,我待会儿再过来"。领导也会有意识地缩短电话的时间,随后会联系小文再次进入他的办公室,继续未完的事项。哪怕他说:"这里有点问题,不过不大,我再审核一下,应该没事的。"也不会是什么大问题了。如此下来,跟领导工作沟通的默契度建立也指日可待了。

三、用探询的方式观察领导反应

观察了解领导的工作习惯,与之对谈时机的把握也需要引导,才能达到最佳的沟通效果,细细观察他的反应,并作出工作回应,可以通过一些话术来试探出对方的想法。

比如,先说好事、领导感兴趣的事,之后再引出自己的想法和建议。

"这个事情我有点吃不准,可不可以请您……"

"是否需要重新换个场地或时间?"

"没关系的,要是没有时间的话,我……"

多想想,应该还会有一些其他的试探话术让我们发挥,不妨都去试试,因为这样的效果往往会比直接的沟通要好。用试探的口吻观察领导的反应,既能规避风险，还能了解领导的反应和心理。

四、不妄加评断

在观察领导反应的过程中，要避免抓不住要领，避免主观和客观的，认知和行为的误差，整体与局部的信息夸大的产生，一次的工作对应仅是当下的反应，不能代表今后领导的所有反应，所以我们需要通过不断的工作积累，才能成为跟领导相处的经验。

五、要相信自己

众多的职场经验告诉我们，下属越是努力提高工作胜任力，拉近与领导的距离，越是能赢得领导的尊重和信任。相信自己，在领导眼里我们就是值得信任的。我们的工作可以被人提意见，也能坦然面对对方的质疑，这些都是与领导建立良好关系的条件和因素。

六、训练分析能力

平时会遇到一些特别聪明的人，他们能轻易地知道你要说什么、你想要表达的是什么，并且总能发现别人发现不了的蛛丝马迹，得出常人得不出的结论。

跟这些人沟通会很轻松，同时也很羡慕，为什么我没有这样的能力？要是有这能力，每次跟领导的工作沟通，就顺畅很多了。其实这归功于他们强大的分析能力。简单地说，就是信息收集能力、特征识别能力和推理预测能力。

从整个流程上来说，先拿到信息，越多越好，储存起来，找出它们的特征后进行归类整理，在遇到需要辨别的事或物时，弄明白，渐渐地形成一种规律性，最后发展成一种惯性思维，以达到预测事务进程的结果。

完美的能力来自感性认知情商和理性的智商行为结合。一起分别了解一下，

这三个关键能力:

1. 信息收集的实践。

在与领导的相处中,得来的信息来自四面八方,有领导跟领导的、有领导跟员工的、有领导跟客户的等资源信息,靠的都是我们的察言观色,这个过程是行为,也是认知。无论如何,要想知道领导的反应信息,收集的渠道总逃不开实践二字。

2. 特性识别的领悟。

特性识别,一听很严肃,但这在生活中被运用到各层面、各领域,比如一些被精炼过的数据参考、股票信息的特性参考,连聊天中也会被人识别出性格倾向来。如何从复杂的事务中提取最有用的信息,又容易记忆的典型特征呢?在职场中可以通过别人的经验传授,自己总结、细节的留意,只要用心,经验积累会由量变到质变的转变。

3. 推理预测的情商与智商。

工作中,领导说什么就是什么,那也太简单了。下属应该去解析领导讲话背后的含义,这便于我们根据这些推测,分析逻辑链条。人人都是感性动物,这是"善德爱"的评断基础。具备了感性,人的理性让我们免于冲动之下的恶性行为,这是自控制力,具备了智商。我认为,如果一个人具备了情商和智商的推理分析,就不会差到哪里去。

观察6类领导不满意的下属

如果领导对你的反应很平淡,就算其他方面能力出众,你的升职加薪也是不容易的。总之,跟领导相处是一门学问!跟领导的关系既不能过分生疏,平时见面话都不说一两句,会显得傲娇;也不能过分熟络,一见面就对领导进行嘘寒问暖,恨不得掏心掏肺,就显得有些阿谀奉承了。

不同的人有不同的个性,就会有不同的喜好。领导也一样,也会有令他满意的、喜爱的,和不满意的、不喜欢的员工,下面六类员工是大多数领导不满意的,来自测一下吧!

一、说了做不到的

工作中要懂得量力而行,不要轻易许诺,也不要轻易向领导口头承诺。承诺是经过全方位思考衡量后确定的,不要随意为之,一旦事情搞砸了,受伤的还是自己,领导也被你给连累了。

二、自负、爱出风头的

公司刚完成一个客户开发的课程活动,领导问大家的想法,王某刚想说,他在签到表上看了学员名单,觉得他们的公司背景不能成为公司的优质客户,当时他还找了同事李某聊起这个话题。没想到,这个话还没有说出口,就被李某截和了。李某在全公司的员工面前略过王某,炫耀他的发现。

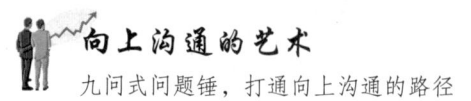

表现欲是每个人都具备的特质，发挥得好可以激发个人潜质，发挥得不好，过于表现，喜欢出风头，同事不喜欢，领导也不会喜欢的。此外，这样的员工未来的发展也令人担忧。试问，哪个领导会满意这样的下属呢！

三、混日子的人不会进步

混日子是没有前途可言的，刚进入公司可能不觉得，还在摸索着工作。但是大家起步都是一样的，你要是不进步，就容易被淘汰，不去学习，不去求教，得过且过，浪费的是自己的时间和生命。日子越长，领导对混日子的人容忍性越低，最终的结果可想而知。

四、爱抱怨、说闲话的

不管在领导还是同事那里，一不高兴就找人议论，背后说人却被抓包的。大多人都有这样的经历，说的人，不管说的对不对，先发泄了再说，可是，传到他人耳朵里总是不好的。如果跟同事处不好，在领导那里就会留下坏印象。试想一下。一个自己工作做不好还喜欢说别人坏话的下属，领导怎么会满意呢！

五、自以为是、耍小聪明的

对于有能力的下属，就算是成为领导的左膀右臂也不能成为在领导面前随意恣意任性的资本。不听别人的建议，自己做的想的都是对的。对待领导的话，当面应承，背后一意孤行，这就妨碍了领导的全局统筹。毕竟你再有能耐，领导的权利也大过你的能力，所以这类人领导是不会满意的。

六、心眼小、爱计较的

常言道，爱计较的人福缘浅。从现实对照来看，爱计较的人会失去很多机会。

也许你是想为自己争得更多的利益资源,但不顾别人,只顾自己的自私行为,在团队里是会被人排斥的。谁也不喜欢跟一个心胸狭隘的人共事,谁知道哪一天会不会被人从背后插一刀呢?而这些品质在领导眼里就是不成熟、没有团队概念的表现。领导看重的是工作中要有容忍心的员工,能够顾及集体的合作性。

这6类人的行为给我们敲了个警钟,无则加勉,有则改之。观察一下身边是否有这类人,如果存在,请远离或适当保持距离吧!

观察领导时，3个阶段下的行为要求

在跟领导工作沟通的过程中，不断摸索，总结观察心得，才能达成工作默契。这个过程，主要有3个阶段的行为要求。

阶段1：没有任务时

跟同事、跟领导多主动交流，不用刻意，工作中不只是任务。职场也是另外一个社会，消息的渠道往往来自四面八方，或许我们就能得到一些有用的信息。如果将这些信息联系到与领导的沟通中，也许能够为自己赢得更多分析的筹码。当然，有的消息也不一定就全然真实，错了也不要紧，没有这次消息参考，我们跟领导的默契同样需要磨合，从而来获得经验。

阶段2：接到任务时

需频繁地去请示或汇报，然后得到领导的回应。比如，你去汇报某件事时，领导说，你怎么老来问啊，你自己不会琢磨吗？这样，你就了解到领导不是很有耐心，下次要带着确切的问题，有选择性地请示；领导说，你这个跟工作有关系吗？那么，你是不是得考虑，这个领导公私分明。不管怎样，要多几次的观察才能得出对领导了解的结论。

阶段3：结束任务时

要去分享你的经验，看看领导对你完成的工作是否满意，满意在哪里，不满

第七锤 如何做（how to）

意在哪里。只有了解了，才能知道领导的满意点、欣赏点在哪里，领导期望的完成结果是什么？

这是利用三个阶段下跟领导有关的工作行为，去获得领导的信息反应来为我们所用！

还要提醒一下，在跟领导进行工作沟通时，要求适度，不能苛求。

在对领导的认知把握上，有一点要特别注意：在观察的时候适度把握。因为工作中不可能所有事情都能独立解决，领导也不会利用手里的资源无条件地提供给你。

要把期望领导给予的支持与领导可能给予的支持把握住，不强求。作为下属，希望领导在自己困难时给予支持，在资源上给予帮助，在个人问题上给予关心照顾，这是正常的心态。

我们需要保持一颗平常心，不合理的要求提都不要提；合理的要求要适度；过分的，触犯别人利益的更不应苛求。毕竟领导上面还有领导，他的权限也是有限度的，员工那么多，不能要求领导眼里只有你，他对其他的员工也是要有交代的。作为下属，我们不应该给领导出难题，让领导犯难。

所以，在需要帮助时提的要求，要适度，不能苛求，可以多站在对方角度想一想是否合适，观察领导什么要求能够得到回应，这个程度可以在期望值之下就能完成的。

法国雕塑家罗丹曾说过："生活中不是缺少美，而是缺少发现美的眼睛。"下属跟领导之间，领导的每一次工作回应都是一个很有效果的手段。所以要想领悟这方面的能力，就要培养自己敏感的工作感应，这样的培养还要激发自己的观

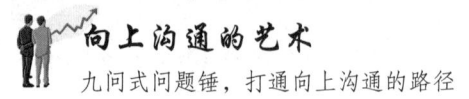

察意愿，了解观察领导的行事风格，总结得到的观察经验，**因此提出九问式第七锤：how to（如何做）对应的习惯——"观察回应"的习惯**，是这里提出的第七个职场沟通的修炼。

总结第七锤："观察回应"的习惯运用

1. 在跟领导的互动中，要适时发表自己的见解，否则有问题不说，出了事只能自己担着；

2. 在与领导沟通时，要更能契合他的需求；

3. 用探询的话术，不仅能获知领导的意愿，也能规避不必要的风险。

4. 跟领导的相处经验是通过工作积累得出的；

5. 接受领导的意见是与领导建立良好关系的正确途径。

第八锤 是多少就是多少（how many）

沟通中要有"遵诺守信"的诚信习惯

目的： 养成诚信的思维和行为习惯，避免自己轻易地失信于领导，在领导面前没有信誉可言。

场景8

有一次，管经理约小文上午10：00到办公室谈话。可是，小文突然接到客户的沟通电话，就耽搁了一点时间。这天，管经理是想领他去见一位大客户，并想把接下来的项目交给他做。

小文在上午10：10到达办公室时，管经理已经不在办公室了。原来，管经理已经带着小张去面谈客户了。几天以后，小文找到了管经理，他不明白自己做错了什么。管经理问他为何上次不准时到,小文回答说:"经理,我是那天10点10分到的。"

管经理立刻提醒他:"我约你10点!""是的,我知道。"小文支吾地回答,"只晚了10分钟,应该没关系吧!""不!"管经理严肃地说,"准时是基本的工作素养。你不能准时,就失去了机会。而且我告诉你,小文,你不能看轻10分钟时间的价值,而让我等你。在这10分钟里,你会打乱我的行程计划。"

场景8的分析:小文因不守时失去了一次工作表现的机会,也失去了领导对他的信赖。守时是一种诚信的表现,在工作中,也是领导用来评价员工素质的一个标准。

领导会想:说好了是10点,我放下其他事,特地安排你这次跟大客户见面的机会,可是你却不在乎我的时间,那我只好把这个机会给小张了。

小文当时没想到的是,没有遵守相约时间,会让他错失一次重要的提升机会,因为他事前的想法是:"10分钟算什么,谁都会临时有事,领导应该能理解的。"

听起来蛮有道理的,但按照这样的想法持续下去,小文在领导那里一再失信,领导对他的信用一定会大打折扣。在领导那里失去了信誉,以后的行事在领导眼里都得要掂量掂量。可想而知,这种工作形势对他的发展很不好,当然重信也是有其方法和讲究的,所以这个章节要锤下"养成遵诺守信"的诚信习惯。

为什么要信守承诺

承诺是人与人之间,一个人对另一个人所说的具有一定憧憬且可以实现的话,或是答应某项事务的约定。"承"在《说文解字》中解释为"奉也,受也",它的本义是"捧着",后来演变为"承担"的意思。"诺"是形声词,《说文解字》解释为"诺,应也",本义是"表示",是答应的方式和声音。结合这两者的释义,我们这里在职场中理解为,对上级领导承诺的事情,不光要"诺",也要着重强调"承",也就是答应事情之后,要有在行动上的承担,只有"诺"而不"承"的,都不是真正的承诺。因此,员工对领导做出的应答,必须按时、按点、按量完成,否则会给领导留下不讲信誉、不可轻信、夸夸其谈、没有诚信的印象。

用我们的生活化语言来说,承诺就是说到做到,想想我们有没有答应过别人的事,却没有做到的。现实中相信大家都有过光说不练的经历,只不过生活的随意性,难免会放松对自己的要求,但在职场中,要想做好向上沟通,必须要做到对领导的承诺,要做到有"诺"必"承"的诚信行动。

遵守承诺的诚信习惯好处在于:

1. 人与人之间的心灵不会相隔太远,如果用心去沟通,做到"诺"的承担,这是实现心与心的沟通。

2. 增加彼此的信任度,言而有信地展现在领导面前的自律性,这是很重要的工作优点。

3. 承诺后的工作结果，让领导对"诺"的承担人更多的放心和依赖，这是赢得领导认同的手段。

4. 给领导分担压力，工作在"诺"的承担人这里，领导是没有后顾之忧的，这是获得领导好评的机会。

5. 塑造职场口碑形象，建立职场好感度，领导的心理感受会影响他的接受度，这是个人魅力的提升。

6. 在工作完成的过程中，细节的表现，领导会联想到"诺"的承担人的认真态度，这是职业素养的体现。

信守诺言，是为人处事的一种美德。

孔子有弟子三千，贤弟子七十二人，孔子曾带领弟子周游列国十四年，在传播儒家学说文化的同时，也成为了诚信的典范。他的传世名言中有很多是传颂诚信的句子，如：

1. 人而无信，不知其可也。大车无，小车无，其何以行之哉。君子敬而无失，与人恭而有礼，四海之内皆兄弟。

2. 君子名之必可言也，言之必可行也，君子于其言，无所苟而已矣。

3. 可与言而不与之言，失人；不可与言而与之言，失言。知者不失人，亦不失言。

4. 君子不重，则不威；学则不固。主忠信。无友不如己者。过则勿惮改。

5. 言必信，行必果，然小人哉！

6. 君子耻其言而过其行，处恭，执事敬，与人忠。

……

可见，诚信在孔子心目中的重要程度，也说明了诚信对一个人的影响。

职场中的承诺是人际关系中无法或缺的个人信誉资产。它的约束不是来自领导或是其他方面的要求，而是我们自律的一种心态。做到了承诺的担当，养成习惯，将有助于我们的人际交往。

3种失效的承诺表现

在接受领导指令中,其中一个重要元素,就是承诺领导在规定时间内完成对应的诚信行动。这在职场中是非常重要的工作态度。

如果与下列三种职场情况吻合的承诺,将失去效应。

一、自己主动将承诺收回,视为放弃任务、放弃工作的表现

工作中对领导许下的工作承诺,因各种因素而选择撤销的行为,这种承诺是无效的,对应工作的场景参考如下:

小文接到管经理的任务指派后,为表决心,答应用一个星期的时间按照领导的要求完成工作,没想到在协调的过程中出现偏差,由于相关人士的不配合,无法按时完成工作,便主动请示领导中途退出换人执行。这个便视为取消承诺,此承诺失去效应。

解析一下:不管原因如何,小文的退出在领导眼里就是没有遵守承诺。这种应对是会让领导失望的,所以撤销承诺的行为尽量避免。当然,工作的进展会出现不同的情景状况,有的可以应付,有的能力高低的原因,说实话没有人可以说我的能力可以搞定一切,但我们还是要在主观原因上避免无效的承诺行为。如遇到小文的这种情况,从领导的角度看到的是小文没有协调好工作,小文这方面的能力不行。但如果小文在这方面去努力一下,再想想有没有办法解决,而不是想

第八锤 是多少就是多少（how many）

要去放弃，实在不行的话，再去求助，向领导请教，这都是可以的。我们要让领导看到的是兑现承诺中的作为，不是无为，坚持承诺的担当，让领导帮助我们完成承诺，与领导维持诚信的关系。

二、延迟给出承诺，延迟兑现或延迟完成领导交派的任务

工作中对领导许下的工作承诺，因各种因素而选择延迟兑现的行为，这种承诺是无效的，对应工作的场景参考如下：

小文接到管经理指派的任务后，为表决心，答应用一个星期的时间按照领导的要求完成工作，没想到在协调的过程中出现偏差，由于相关人员的不配合，无法按时完成工作，结果比预期的约定时间延迟了。或者小文完成了，但是由于没有及时在规定期内完成约定告知，这便视为取消承诺，此承诺失去效应。

解析一下：从此处可以看出承诺出现迟延一般有两种情况：

1. 超过跟领导的承诺期限完成，因而出现了迟延。

2. 在领导约定的承诺期限内，由于外界客观等其他原因，没有按期完成工作。

针对第一种情况下回应方式，由于承诺本应在期限内完成，但却超过有效的承诺期限，原来的承诺就会失效，小文可不可以重新跟领导申请承诺？将之前的失效承诺，转变为跟领导产生的新承诺。答案是可以的。

对于第二种情况的回应方式，承诺的下属在约定的有效期限内，完成承诺，但通知了领导没有交付的客观原因，按责任归属来说，不能作为己方责任。天要下雨，娘要嫁人的事，控制不了，所以对于这样的承诺，作为下属小文是有义务告知领导的。此承诺延迟是被动延迟，虽然是约定有效的，告知领导，让他来承接承诺的延续工作。如果小文怠于联络告知承诺的延迟，那么这个延迟的承诺也

是没有完成承诺的效力，这种失信的印象还是会发生。所以状况外的联络告知，是维护诚信关系的一个补救措施。

三、对领导的承诺内容进行更改，领导予以驳回的时候，该工作的承诺没有效应

工作中对领导许下的工作承诺，因各种因素而改变了原有计划的行为，这种承诺是无效的，对应工作的场景参考如下：

小文接到管经理的任务指派后，为表决心，答应用一个星期的时间按照领导的要求完成工作。可是没想到在协调的过程中出现偏差，由于相关人士的不配合，小文为了工作的顺利，直接忽视相关环节，选择用自己的方式替换内容，但结果被领导否定，这便被视为取消承诺，此承诺失去效应。

解析一下：同事之间的矛盾从来都不是个别企业才有的现象，所以在心态上要保持冷静，这是职场人士必经的一个过程。那么如何将无效承诺转为可以完成的有效承诺。一定要注意以下3个方面：

1. 表态度

表明我的态度。冲突是意见的不合，或人际矛盾的激化。有些老同事们资历老、工作经验丰富，面对工作任务有自己的主见和想法是很正常的。但在职场中应保持以工作为重的原则，以共同完成领导安排的工作任务为主，按照预定的计划来进行，以保证工作顺利进行。

2. 找原因

对于同事不配合现状，先从自身找原因。

小文进行自我反思，是否因为自己的原因，让同事为难，或是情绪不对，反思自己的工作方式和沟通方式，先想到的是自己的工作方式有问题，才导致他们不配合。

3. 想对策

思考后，整理话术。小文要先向同事们致歉，希望他们能够体谅自己，自己也努力改正不足之处，同时跟他们求求经，表示自己对他们的信任和对他们工作经验的敬佩，也希望大家能不遗余力地指点他，共同完成这次工作。此外，还可以委婉地表示，由于此次工作任务的紧迫性，以及领导重视的压力，希望大家一起提高效率、加快进度。

调整自己在做事上的工作方式和对待同事的态度，有了前期的沟通基础，再召开一个工作会议，请大家提出当前工作中存在的问题，鼓励大家畅所欲言，为我们的工作提出更好的改进建议。面对同事们提出的建议，要虚心接受，也许他们的工作方式更有助于任务的完成呢！

去争取承诺约定的有效性，按时圆满地完成领导交代的任务，才不会出现无效承诺，失信于领导，同时也能让领导看到下属对突发状况的应对能力。

重诺之人，有4个品性特征

领导类型有很多种，有的跟我们很投缘，有的却难以接近。不管是哪种，遵守承诺都是一个人的道德品质，在工作中体现的品性以外，也是一种获得领导信赖的沟通手段。领导对员工要知人善用，员工对领导也有知遇之恩，职场环境下有一种氛围，叫情怀氛围！就是很多人说的感恩！感恩是重诺之人的一种信用品性，诚信一定是感恩之人的忠诚品质。

在我们抱怨不受礼遇，不被重用，怀才不遇，希望自己的努力能够有价值时，不要忽略身边的人，他也许是尊敬的领导、照顾你的同事，愿意无条件的帮你、听你唠叨、跟你分享故事、为你着想的朋友，关键时刻他们是会给到我们惊喜的人都值得我们用感恩之心去对待，这是生命的智慧。职场中，拥有感恩的心态的人，在哪里运气都不会差。懂得忠诚的人，在任何公司都能被领导重用。

各位看过《都挺好》这部电视剧吧。里面的主人公之一苏明玉，你能说她的成功仅是因为出色的工作能力吗？在公司动荡期间，苏明玉几次为了蒙总出生入死，舍身在前，为的是什么？是感恩蒙总对她的赏识和提拔，是报恩。在柳青问她原因"我一直想问你啊，老蒙给了你什么呀，你为了他命都豁得出去"时，苏明玉说了一句："我苏明玉这辈子，可以对不起任何人，但唯独不能对不起我师父。"

从《都挺好》的剧情拉回到现实工作中，领导需要一个忠诚、懂得感恩的员工，这样的员工是值得信任、值得花心思栽培的。

只有忠诚，懂得感恩，愿意跟他一起走下去，领导才会栽培并分享他的资源。

对于下属来说，谁是我们"滴水之恩当涌泉相报"的对象？有几个特征我们需要了解一下：

1. 愿意纠正你错误的领导

因为关心你，才会提醒你，想让你少犯错，少走冤枉路。

2. 愿意培养、提拔你的领导

说明对方能看到你的长处，希望能协助你、提拔你成长，有些领导看到下属长处也未必会重用。从利益上来说，你的优点也有可能是他的缺点，有可能会威胁到他的利益。

3. 愿意身先士卒的领导

他言行一致，说到做到，不夸大，总是身先士卒用实力来证明自己，成为下属的榜样。

4. 愿意相信、不轻易放弃你的领导

职场工作不会永远一帆风顺，让你没有任何阻碍地进行下去。当你犯错了，遇到难题无法解决了，领导是否会忽略下属的感受，直接放弃换人？如果没有的话，那说明领导愿意继续相信你，给你机会，继续支持你。

现在明白了吗？感恩的品性可以温暖我们的生活，也能在职场中点亮未来的前景，谁是你应该承诺感恩的人呢？如果有这样的领导在你身边，就去珍惜吧。就算目前没有，未来也一定会遇上，因为职场生涯很长，你的成长一定会有这么一位恩人，在某时某刻，点醒和帮助你早日实现目标。

承诺不是轻易许下的

陆元方，唐朝大臣，官声清廉，为人诚实守信。他在洛阳有处名宅，叫"锦绣园"。宅内有楼台亭榭，是一个非常雅致清静的好居处。

不料，家中出现变故，生活所迫，不得不卖掉"锦绣园"来维持生计。这个消息不胫而走，就有人上门问询价格。买宅人担心陆元方会开价很高，谁知陆元方却说，"这个宅子是我原本用于世代居住的，虽然家里困难，但也不是靠它挣钱，按照当时建房的成本，给6000两银子就可以了。"

买宅人一听，很开心，立即就拿出银两预付了宅子的定金，怕陆元方反悔，还提出3日后正式提交文书协议。买宅人走后，佣人来报，太守请他到府上做客。虽有疑惑，陆元方还是来到了太守府。席上，太守也开门见山地说了自己的意图："我家夫人，身体一直不佳，想找个清雅的住所修养，听闻你要卖宅子，正求之不得，正好有这份机缘，你尽管开价！"

但陆元方却致歉拒绝了，他拱了拱手道："太守大人晚了一步，已经有人先您一步，定金已经预付。"

太守很喜欢那个宅子，坚持要买，称可以出双倍的价钱买下，希望你可以改变主意。陆元方依然坚持了自己的想法，并表示："我既然答应了别人的事，一定要讲信用。"

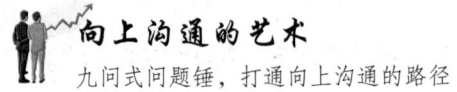

向上沟通的艺术
九问式问题锤，打通向上沟通的路径

太守不高兴了，让陆方元回去再好好考虑一下。

陆方元回去想了想，第二天去太守府告诉太守，他不能改变初衷。

这次，太守是真生气了，大骂陆元方是忘恩负义，当年因为我的秉公断案，你们陆家才能得以活命，现在就开始不记情了。陆元方只好跪下告罪，但没有松口违约。

这件事被陆元方的母亲知道了，当下便怒气冲冲地质问陆元方："你不知道滴水之恩当涌泉相报啊，太守想买我们家的宅子，卖就是了，就是送也不能吝惜。"陆元方向母亲跪下，说出自己不把宅子卖给太守的理由："母亲，您和父亲从小教育我，言必信，行必果，一言既出驷马难追，我既然已经答应了别人，要把宅子卖给他，如何能做言而无信之事。"陆母一时语塞，便不再多言。

诚信是信守承诺的责任感和对自身言行负责的道德感。一旦承诺就需要有承担。

同样的职场中，可以对领导轻易地承诺吗？古人有一诺千金的说法，这是非常正确的。信守诺言，即使遇到某种困难也不食言。自己说出来的话，要竭尽全力地去完成，这是明确了承诺的意义，也做好了准备承担失败的结果。结合职场情况，冲动下做出的承诺会很艰难，实现的难度会让我们很疲惫，状态也容易失衡。轻易的承诺会令领导认为此工作对你来说没有难度，会加大他的胃口，也增加自己工作的强度，带来负面影响。

老子的《道德经》中有句话"轻诺必寡信，多易必多难"，意思是那些轻易发出诺言的，必定是很少能够兑现的，把事情看得太容易，势必遭受很多困难。

第八锤 是多少就是多少（how many）

老子提出了衡量是非标准的一个标准，在不涉及具体情节时，老子认为被轻易许诺的信用一定不充足，把事情描绘得过分容易，在实际践行中，必然会困难重重。

圣人总是把事情想得困难些，所以最终没有什么解决不了的难事。背景不同，要求也不一样。职场中，我们在许诺的时候，应该想好再跟领导说，不能想也不想就随口承诺。答应了却做不到，做不到就想理由推脱，都是不可取的作为。

诚信就是认真兑现每一次承诺

如果一个人办事情很靠谱，只要说到的都能做到，那么他的职场信用就会很高，也会得到很多人的认可。

商场中不乏很多商业人士，创业一开始并不是那么顺利，但是他们能从失败中起身反转，这离不开诚信的作用。比如：网络巨人史玉柱，第一次做网络时，亏了几个亿，正是由于他的职场信用，仍然有很多人愿意帮助他。最后，史玉柱还是成功了，这就是职场信用的价值所在。而当一个人的职场信用很差时，别人也会对他敬而远之，再想要重新建立信誉就很难了。

信誉是一种无形资产，它跟情感一样需要我们平时的积累，包括做事做人。一旦你累积到一定程度了，不但你的职场信用会得到很大的提高，就连你做的事情都会有很大的思维突破，试问，领导对这样的员工怎么能够不欣赏。树立起良好的信誉，会为你的职场晋升之路顺利铺路。

这里的承诺还是要强调"适度"而不"过度"，重承诺的行为是扎扎实实地做好本职工作，从踏入职场开始，你就有了一张存储信用的储蓄卡，你的每一个工作承诺，都为这张卡注入了诚信分。所以，把握好工作中的每一步，做好领导指派的任务，尽心尽力高效地完成。把人做好，做到言出必行，让领导看到你的处事风格和态度，这个累积的过程就是你的职场信用。

第八锤 是多少就是多少（how many）

诚信的一个基本行为准则是公开透明。所谓诚信是立人之本。能遵守职业信用，守住承诺的个人信誉，最好的方式就是脚踏实地，不断提升自己的沟通力，提升职场竞争力。**因此提出九问式第八锤：how many（多少是多少）对应的习惯——"遵诺守信"的诚信习惯**，是这里提出的第8个职场沟通的修炼。

总结第八锤："遵诺守信"的习惯

1. 跟领导做出的承诺不要主动收回，也不要延迟交付和随意更改内容，这会失信于领导；

2. 对帮助过自己的领导，要怀感恩之心，这是诚信的一个反馈特性；

3. 不要随意承诺，不要做不到又找借口。懂就是懂，不懂就是不懂，对领导要言出必行；

4. 跟领导之间的诚信是在工作中建立的，是认真兑现每一个承诺所积累的信用。

第九锤

什么程度（how much）

沟通中要有"说全、到位"的习惯

目的：信息的传达要"说全、到位"，避免跟领导沟通时，出现遗漏、失误、信息丢失，甚至未传达到的现象。

场景9

小文接到管经理的通知，当天的会议改到下周四举行，于是他就在群里发了通知："同志们，今天的会议改到下周四了，请知晓。"

结果当天管经理到了办公室一看，人来得不齐。一问才知道，有人休假，有人拜访客户去了。管经理不高兴归不高兴，但会还得继续开，于是管经理让参加会议的人，先各自轮流汇报一下近期的工作进展。结果有的人有准备，有的人没准备，甚至还有人根本不知道要说什么，管经理一下子就发怒了。

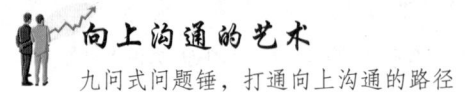

向上沟通的艺术
九问式问题锤，打通向上沟通的路径

"怎么回事？一个星期前通知的会议，不仅人来得不全，连内容都没准备好，谁通知的会议？"

场景9的分析：这是一次管经理安排下去的会议，没有预期中的顺利，不仅人没有到齐，连会议主题知道的人也少，都没有准备，何谈顺利？问题在谁那里呢？一目了然，是小文没有通知到位。

小文又是怎么回事，一接到领导的指示，动作反应很快，迅速地在工作群里传达了一下，又快又省事啊！管经理，告知小文，希望他通知到大家下周会议改期，仅仅只是会议改期的事吗？当然不是，还有延续改期的会议内容，但小文没有传达到位，结果会议的开展极其不理想，难怪领导生气，因为这样的会开了还不如不开。

两种情况了解一下：

1. 小文知道会议内容，却没有将信息如实传达给需要参加会议的人，也许他以为既然会议改期，之前的通知信息，除了日期的改变外，其他内容不需要另行通知，大家都应该知道，只需知晓会议改期的指令即可。

小文这样的认为是会犯错的，微信留言也好，邮件通知也罢，随着时间的间距越长，信息的更新会随之改变，人的忘性也会逐渐淡忘。不去跟领导确认信息，靠着直觉做事，怎能将信息传达到位？

2. 小文不知道会议内容，也没有将信息如实地传达给需要参加会议的人。不知道不是理由，你不说，不问，领导就当你是知晓的、清楚的，且不需要在此处浪费时间的。这个时候小文不去搞清楚，弄明白什么人、什么事，怎能将信息准确地传达到参加该会议的人那里？

所以"说"了不等于"做"了,"做了"不等于"完了",信息的传递一定要说全面,做到位,这才是工作中的"说全、到位"。

无论是跟领导也好,跟同事也好,当你得知某些信息的时候,要向与此事有关的人员告知一下,并且要将信息说清楚、道明白,不遗漏事,不遗漏人,让接受信息的人都知道你的目的,并做出正确的回应。

为什么要有"说全、到位"的习惯

看看场景9，小文的做法我们应该心里有数，他在接到领导指示后，如果把领导的指示说全了，会议上怎么会有人不知道开的什么会？他如果把工作做到位的话，怎么会有人缺席？在传达领导的信息时，确认是否有不能来的人，是否有人不清楚会议目的？这些内容信息都是需要小文去传达的。因此，没有考虑全面的小文既遗漏了人，又遗漏了事，导致会议的结果不如领导之意。作为下属，如果像小文这样"我告诉你了，来不来就不是我的事了"，能行吗？不行！

一个信息的传达是否到位，可能会直接关联到工作的结果，可能会让1%的缺失导致100%的失败，这就看我们是否有心，是否对此事上心。小文要是对管经理的指令有心的话，他会想"哦，改期了，有些人出去了，不一定都在公司啊，我得给不在的人打个电话，告知一下"。不上心才会这么想"哦，改期也不是第一次了，办公室里喊一声，让他们自己相互转告好了"。

仅仅一念之差，结果却是完全不同的，给人的印象也是天壤之别。对于团队的沟通效应来说，"说全、到位"的好处有以下几点：

1. 保持团队的内部通畅；

2. 便于推进工作的进展；

3. 避免无畏的资源损失；

4. 加强客户的联络密度；

5. 树立个人形象；

6. 提升在他人眼中的好感度；

7. 改善人际关系的相处。

5种不同信息的对应

职场中，有些信息的传递可以直接给企业带来利益，但是不同类型的信息传递也是有其特性的，可以归纳为五种：

1. 传达类：像场景9中小文传达管经理的会议信息。

遇到传达类的信息时，对应：一个人不能少；一件事不能漏！

2. 共享类：工作中，将信息分享给同事或是可以帮助到自己的人，让对方协助自己未完善的工作。

遇到共享类的信息时，对应：遇事及时跟同事交代一下或是留个言，别让事情变得复杂了，让人着急。

3. 安民类：将关于自己的信息传递给相关人士，让对方安心。

遇到安民类的信息时，对应：工作中及时将自己的信息告知相关人员，让对方安心，不会因为你的不告知而担心，乃至担心后续工作的持续性。

4. 预告类：工作中，将自己预见到的事情，提前跟有关联人士说一声，提个醒，让对方有预防的应对。

遇到预告类的信息时，对应：日常的工作熟悉后，就能预见事情的发展或走向，知道了就告知一下有关人员，提个醒，让对方准备如何应对。

5. 感谢类：遇事得到关照时，要跟对方及时表达谢意，这是职场获得好感、积累人缘的好时机。

遇到感谢类的信息时，收到帮助去感谢一下，经常说感谢的人，人缘不会差到哪里去。

"说全、到位"的7个注意事项

不管什么事情,都要说清楚,讲到位,让对方能够理解,否则就失去信息的传递意义。以下7个注意事项把握一下:

一、迅速及时

大多工作的现状是节奏紧张,员工经常容易忽略身边的一些工作琐事,比如:出差到了地方,不告诉客户方,客户方会不会担心"这人有没有到了,电话也没有一个,明天还能照计划进行吗"。人家请你吃饭,你却忘了跟对方道个谢,对方会想"这人连一句谢谢没有,好像是我赶着要请人吃饭一样"。这些可做不做的事情,往往是排在重要事情的最后面,一忙就忘了,理解归理解,但是过了时效再想起来做时,就没有意义了。

二、信息准确

职场中的人际关系也是繁多复杂,小道消息很多,难免会听到意味不明、不能确保正确的信息。尤其是信息量大的、自己不理解的信息,一定要确认好了再告知对方。确保给领导的信息一定是真实的,添油加醋、歪曲事实的事情就不要做了。

三、备档的习惯

现在使用微信工作的人太多了,有事就在微信里喊一声,一个文档发过去,太省事了。但对于某些人来说就痛苦了。

身边总有这样一类人，就见不得手机上的小红点，一看到就想清理、删除，也不喜欢看到手机上满屏的内容，多了就删。但这些人清理过后常常后悔："哎呀，那个资料怎么找不到了，昨天还在啊！""我以为没用了，就删了。""苍天啊，怎么就不见了呢。"

在这里给大家提个醒，工作信息没有100%确定的，不要轻易删除，需要用到的时候就晚了。哪怕就是100%没用了，也请备个档，以免过了时效。另外，手机信息太多，出现刷屏的现象也不奇怪，有用的信息看到了就及时存档，同样的道理，工作中有备档的习惯，是给我们的工作进程顺利，增加个保障。

四、内容完整

有位朋友坐地铁来看父亲，父亲就让我将换乘车站信息发给对方，我说："好啊。"父亲不会拼音，用的是笔画，我不习惯，接过手机，就按下麦克风的语音功能。刚要说话，他就一把抢过去："你干啥？打字啊！"我说："哦，好的！"拿过手机，还是按下语音键准备说话，他又一把抢过去，有点儿生气了："你干什么，打字啊！"我说："知道。"拿回手机继续按下了语音键。这回他直接臭骂我一顿："你不愿意就直说，存心的吗？"

我只好解释："我是语音转文字啊！"

这个事怪我没说清，不怪他生气。这个事让我反省，跟人讲话还是讲清楚的好，猜来猜去让人气闷，也累得慌。工作中，领导不是家里人，沟通的内容不全，让人误解，可能丢掉的就是一次表现的机会。要知道，不完整的内容也是属于错误信息，说者无意，听着有心，由于我们的信息遗漏而导致领导判断有误，倒霉

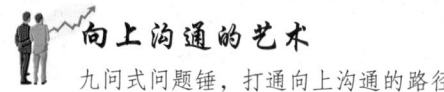

的还是自己。

五、语言对等

想象一下,说英语的外国人和说中文的中国人沟通的画面。两人各说各的,是不是挺好笑的?同样的,工作中专业人士对非专业人士说专业用语,技术人员对非技术人员使用技术用语,合适吗?从效果上来说,肯定是不合适的。所以,沟通时要语言对等。

六、方式对等

这个世界上有男人、女人、老人和小孩。每个人都是不同的个体,都有个性,他们说话的方式也有所不同。有的喜欢长话短说,有的人喜欢追根究底,有的性急,有的人很有耐心……所以,我们要看领导是哪样的人,就用其喜欢的方式跟他沟通。

七、情绪对等

你是否有过投诉的经历?你这边火急火燎地想要把事情说清楚,客服却很耐心地安抚你:"女士/先生,您不要着急,这个事情,我会请有关人士尽快帮您解决的……"

可是你心里越听越恼火:"你不着急,我着急,为这个破事,搞得我心情超级不好,你们跟我在这推脱什么?"

这就是你急,人家不急,你就认为对方不上心。实际上,急人之所急,就是第7个需要注意的信息表达,我们需要合拍,情绪对等的节奏合拍。

"说全、到位"的表述是要让对方听清楚了,记住了,**因此提出九问式第九锤:how much(什么程度)对应的习惯——"说全到位"的习惯**,是这里提出的第 9 个职场沟通的修炼。

总结第九锤:"说全到位"的习惯运用

1. 在传递领导信息时,要确认一下你真的把事情理清楚了吗?有没有遗漏的信息?想全了再去说;

2. 在传递领导信息时,确认一下传达的对象你都全部告知了吗?有没有请假、出差等特殊情况,一个个去确认;

3. 出差、告假时,跟相关同事说一声,手里的工作交代清楚,不要给人不周全的印象;

4. 遇到跟别人相关的事,想得周全一点,提前告知一下,让对方有个准备;

5. 沟通时要把话说清楚,不要讲一半留一半,让人猜疑;

6. 未经证实的信息,不要随意跟人说,以免以讹传讹;

7. 平时工作中养成备档的习惯,防止意外丢失再重复返工。

后记

出了学校,进入社会,再到职场,免不了要跟领导打交道,去跟他们进行工作上的各类沟通。比如,去接收领导的工作任务,有了问题想着如何请示领导,掌握了信息想着怎么跟领导传递……这些职场的关键行为,是职场人的一种普遍现象。几年前,一个机缘之下我接触到一个沟通课程,里面的内容讲的是在领导布置任务时应该怎么做?领导讲话时要避免什么?怎么去抓取领导的任务目的等。老实说,我当时是嗤之以鼻的,这么简单的内容对于资深职场人而言,完全不需要通过学习别人的经验来获取方法,因为自己工作这么多年,怎么可能连这么简单的应答都不会呢。

因为这些基础的工作环节,每天都在做,普通到每天都在发生与重复,不自觉地就会忽略一些平常不以为意的工作细节,自然而然地就不重视了。

这也是大多数工作者的心态,简单的事情也就没有必要花费太多心思在上面。可事实上,知道归知道,未必能做得很好,做得到位。

我已经工作近20年了,对我来说,9个习惯的问题,这是可以用一生的职业生涯去学习的课题,所以也希望这本书也能够给各位带来一些启发,促进各位能够养成工作好习惯,未来成为被领导重用、善于沟通的优秀人才。

我以前有过写小说的经验,开始写这本书时,觉得不是那么复杂,应该很好

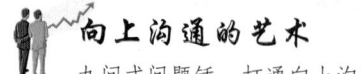

写。谁知道动笔后才知道，这是个很伤脑筋的事情，跟写小说的天马行空不一样，更为注重框架和逻辑，以及相关材料的收集。当我脑子出现思路断片时，头都要炸了，真是难办！后来我用了九问式沟通法，问自己为什么要这么做，然后思路慢慢就被重新理顺了，终于用了一个月的时间完成了，如果还让我说写九问式向下沟通、九问式平级沟通，或九问式跨部门沟通，我完全没有心理负担。

这本书能够问世，我还要特别感谢创新邦老师团队，是他们在构思、推演的过程中给了我很大的启发和忠告。

最后，借用《礼商》当中的几句话，与大家共勉：

虽说，人生而孤独，

但，人不是一座孤岛，大海退去，

每一片陆地紧紧相连，未来会怎样，

一切空幻皆是谎言，正如人类的希望不是寄托在明天，

而是藏在当下每一个善恶的决定里，

世界有不同的维度，点连成线，线横成面，面纵成体，体结成界。

你所生活的世界就是你感受到的世界。

你的立场决定了你的关系，

你的关系决定了你的界限，

你的界限设定了你的生活空间，

你的空间体验生成了世界。

你的人生的一切结果皆取决于你体验的世界。

后 记

由此，你可以通过设计体验的边界来规划你的人生，

小成者布局，中成者造势，大成者立界——是为境界。

职场中有阳光，有雨露，有幸福，有甘甜，

就看你有没有卓见，

去做热爱的事业，去尊敬值得尊敬的人，

做事要热火朝天，做人要快乐无边，

此刻，祝福您——开心每一天！